MW00474931

Días

de

PODER

{ Segunda Parte }

Copyright © 1999, 2010 Kabbalah Centre International. Todos los derechos reservados.

Ninguna parte de esta publicación puede ser reproducida o transmitida en forma alguna, o por ningún medio, electrónico o mecánico, incluyendo fotocopiado, grabado o mediante ningún sistema de recuperación de datos electrónico o mecánico, sin el permiso por escrito de la editorial, excepto en el caso de un crítico que desee citar breves pasajes relacionados con un comentario para la inclusión en una revista, periódico o emisión.

Kabbalah Publishing es una compañía registrada de
Kabbalah Centre International, Inc.

Para mayor información:
The Kabbalah Centre
155 E. 48th St., New York, NY 10017
1062 S. Robertson Blvd., Los Angeles, CA 90035
1.800.Kabbalah
es.kabbalah.com

Impreso en Estados Unidos, noviembre de 2015

ISBN 978-1-57189-668-1

Diseño: HL Design (Hyun Min Lee)
        www.hldesignco.com

Días

de

PODER

{ Segunda Parte }

KABBALAH
CENTRE
PUBLISHING

RAV BERG

Días de Poder es Kabbalah avanzada. Estas son las palabras y las enseñanzas de un auténtico Kabbalista, y a pesar de que su sentido no siempre resulte obvio en una primera lectura, el acto de esforzarse para penetrar en su verdadero significado revelará una gran cantidad de Luz en tu vida.

Reconocimientos

A mi esposa, Karen. En la inmensidad del espacio cósmico y la infinidad de vidas, es mi dicha ser tu alma gemela y compartir una vida contigo.

Índice

Prólogo

l libro que estás sujetando es mucho más que una multitud de páginas con enseñanzas kabbalísticas; es una brújula espiritual. Rav Berg, mi padre y maestro, creó esta brújula para aquellos de nosotros que estamos haciendo un viaje espiritual, aquellos que somos lo suficientemente fuertes para forjar nuestro propio camino y lo suficientemente vulnerables para pedir ayuda a lo largo del recorrido.

La *Biblia* nos habla del deseo inquebrantable de Moshé de liberar a los Israelitas de su esclavitud en Egipto. Leerás sobre esta historia en este libro. En la actualidad, pocos de nosotros vivimos en Egipto y nadie manifiesta la capacidad de dividir las aguas del Mar Rojo. Sin embargo, en nuestro tiempo, la misión del Rav también ha sido —y sigue siendo— guiarnos en la liberación de nuestra propia esclavitud, de nuestra sumisión al Deseo de Recibir sólo para nosotros Mismos. Moshé sabía que era un líder, pero también sabía que su misión no era para sí mismo; era para su pueblo y para la conexión de éste con la Luz del Creador. El Rav vive cada día de su vida de la misma manera. Moshé conocía la existencia de las ventanas cósmicas que se abren para ayudarnos en nuestro viaje, y en el interior de las páginas de este libro encontrarás esos secretos. A medida que leas estas páginas, será como si estuvieras aprendiendo con el mismo Moshé.

Utiliza este libro como tu luz indicadora a lo largo de los días y meses del calendario kabbalístico y deja que te guíe hacia las oportunidades y los dones que el Creador nos dio para otorgarnos poder en nuestro viaje. Comparte esta sabiduría con otras personas y transmite a otros las enseñanzas invalorables de Moshé, tal como el Rav nos las ha transmitido a nosotros.

Yehuda Berg

Introducción

E l título de este libro, *Días de Poder*, fue elegido muy cuidadosamente. A lo largo de los años se han escrito incontables volúmenes acerca de las festividades y su significado espiritual, y casi todos ellos, según mi opinión, podrían haber recibido por título "Días de Recuerdos", o quizá "Días de Conmemoración". Sin embargo, la perspectiva kabbalística expresada en *Días de Poder* es algo completamente distinto de aquello a lo que estamos acostumbrados, pues va más allá de las interpretaciones seculares o religiosas convencionales de lo que son realmente las festividades.

Este es un concepto muy importante. En el mundo cotidiano, nuestro concepto de las festividades se basa en recordar, rememorar y rendir homenaje a algún evento del pasado. Las festividades patrióticas, como el 4 de Julio o el Día de los Caídos, conmemoran la firma de la Declaración de la Independencia en 1776 y rinden un homenaje a los hombres y las mujeres que murieron en las guerras de la nación. El enfoque tradicional de las festividades sigue el mismo principio: la Navidad es el nacimiento de Jesucristo, *Pésaj* es la conmemoración de la huída de los Israelitas de la esclavitud de Egipto y *Purim* es el aniversario de su salvación de una conspiración de genocidio. Otros días festivos son simplemente un reconocimiento de momentos importantes en el calendario, como la celebración de Año Nuevo en *Rosh Hashaná*.

Sin embargo, la Kabbalah rechaza absoluta y completamente el recuerdo o el reconocimiento como el fundamento de las festividades. En vez de enfocarse en la conmemoración, el kabbalista se enfoca en la *conexión*, es decir, en la oportunidad de conectarse con las energías únicas que existen en esas fechas específicas que llamamos festividades. Teniendo en cuenta esta consideración, el título *Días de Poder* cobra sentido. Las festividades son literalmente fuentes de poder a las que podemos acceder utilizando las enseñanzas y las herramientas de la Kabbalah. Estas herramientas incluyen rezos, ceremonias, la *Biblia* y el Zóhar, así como el estudio y el entendimiento constante de lo que Dios tiene pensado realmente para nosotros, que es nada menos que la felicidad absoluta y la liberación completa de cualquier forma de infelicidad, incluida la muerte.

El concepto de las festividades como *Días de Poder* —como puntos de conexión potencial con formas específicas de energía— es la premisa clave de este libro. Además, es necesario aclarar desde el comienzo otros conceptos fundamentales.

Muchos lectores notarán, por ejemplo, que las festividades tratadas en *Días de Poder* son las consideradas normalmente como "festividades judías". Sin embargo, esa frase no aparece nunca en estas páginas. A decir verdad, me he esforzado para dejar claro que estas festividades, como todas las herramientas y enseñanzas de la Kabbalah, pertenecen a toda la humanidad. De la misma forma que nadie diría que la fuerza de gravedad es una fuerza judía, las energías de las festividades tampoco son ni judías ni cristianas ni budistas ni hindúes; son simplemente aspectos básicos de la forma en que funciona el universo, y no se identifican con ninguna nación o religión.

Con el propósito de distinguir al Judaísmo convencional de la Kabbalah del modo más claro y consistente posible, también he utilizado a lo largo de estas páginas términos como "Israelita" o "el pueblo de Israel". Ocasionalmente aparecerá el término "pueblo elegido" en relación con los Israelitas, pero es importante comprender lo que significa con exactitud. No se refiere a una nacionalidad. La Kabbalah enseña que el pueblo de Israel está formado por aquellos seres humanos que recibieron, en el Monte Sinaí, un paquete de energía infinitamente poderoso llamado la *Torá*. Ellos escogieron aceptar el sistema espiritual. Y, como siempre sucede en la Kabbalah, éste no fue un momento de la historia antigua, sino un evento que cada uno de nosotros puede y debería recrear en su propia vida. En tal sentido, todo aquel que acepta las herramientas y enseñanzas de la Kabbalah que Dios ha pensado para nosotros, es un Israelita. Pero eso no es todo: cada Israelita también acepta la responsabilidad de compartir esas herramientas y enseñanzas. Éste es el verdadero significado de "pueblo elegido": no significa que esos individuos *hayan sido* elegidos, sino que ellos *han* elegido.

Tú, seas quien seas, puedes hacer esta elección ahora. Independientemente de la religión en la que fuiste educado, del país en el que naciste, y de cualquier otro aspecto de tu persona. Para explicar esto, muchas veces utilizo la metáfora del acto de encender la luz para desaparecer la oscuridad de una sala. Cualquiera puede encender la luz, la electricidad no sabe, ni le importan, los detalles de tu identidad. Tampoco debes comprender la física o la ingeniería eléctrica para activar el interruptor o beneficiarte de esa acción. Un mayor conocimiento puede mejorar tu apreciación de lo que está sucediendo, pero eso lo discutiremos más adelante. El primer paso, y el más importante, es comprender que las oportunidades descritas en este libro no sólo están disponibles para ti, sino están divinamente diseñadas para ti. Lo demás es entre tú y el interruptor de luz metafórico.

Una última aclaración. Como ya he dicho anteriormente, la Kabbalah no es una religión, y para dejar muy claro ese punto he evitado utilizar algunas palabras que pueden tener una asociación religiosa. Sin embargo, la palabra religiosa primordial, "Dios", sí aparece muchas veces en *Días de Poder*. A pesar de que las narraciones bíblicas o los comentarios de la *Biblia* se refieren a Dios en términos humanos, la Kabbalah definitivamente no entiende a Dios como un hombre sentado sobre una nube, ni como una mujer montada en un carro, ni como cualquiera otra forma antropomórfica. Esto está explicado muy claramente en la *Biblia* original en hebreo, en la cual se utiliza una gran variedad de palabras distintas para designar a "Dios", como por ejemplo: *"Adonai"*, *"Elohim"* y *"Hashem"*. Cada una de estas palabras expresa un aspecto diferente de Dios, una energía distinta. Algunas veces esta energía es de misericordia y perdón, mientras que en otras partes de la *Biblia* es de ira y severidad.

Pero el punto kabbalístico clave es el siguiente: somos *nosotros mismos* quienes determinamos la forma en que la energía fluye hacia nosotros. Para entender este concepto, consideremos el hecho de que la electricidad siempre está presente en el cableado de una casa. Si una persona opta por introducir un dedo en el enchufe de la pared, recibirá una descarga eléctrica cuya causa ha sido su propia acción; pero si esa misma persona conecta una tostadora al enchufe de la pared, obtendrá una tostada. En ambos casos sería ridículo "culpar" o "dar crédito" a la naturaleza de la electricidad por la consecuencia de las acciones. Del mismo modo que la electricidad, la gravedad e incluso la energía nuclear, el poder del Creador es de un potencial infinito e ilimitado. ¿Cómo se manifestará este potencial a sí mismo? Somos nosotros mismos los que tomamos esa decisión en cada momento de nuestras vidas.

Como siempre y para siempre, Dios nos otorga el efecto que necesitamos, basado en la causa que hemos puesto en acción. Si necesitamos la presencia de Dios mediante una forma particular de energía, es la naturaleza de Dios satisfacer esa necesidad. Sin embargo, el propósito primordial siempre sigue siendo el mismo: avanzar hacia la liberación total del caos, el dolor, la enfermedad y la muerte.

Éste es el propósito de las festividades y la intención de este libro. Que *Días de Poder* te ayude a atraer la felicidad y la plenitud que son tu verdadero destino.

Janucá y
Rosh Jódesh Tevet
(CAPRICORNIO)

radicionalmente se considera a *Janucá* una festividad alegre, una cuyo foco se ha convertido en la costumbre de intercambiar regalos. Sin embargo, el término *tradición* ni siquiera existe en el léxico kabbalístico. De hecho, el enfoque tradicional practicado por los miembros de todos los credos del mundo ha llevado a la mayoría de la gente a abandonar casi por completo la religión. Y en nuestros días, particularmente en el caso de *Janucá*, para muchos Israelitas del mundo la festividad ha perdido su sentido. Si no fuera por las roscas dulces y los regalos con los que se ha llegado a asociar esta festividad, difícilmente alguien recordaría siquiera celebrarla.

Aquellos que están familiarizados con *Janucá* tal vez la conozcan como la "Festividad de las Luces" חג האורים (*Jag Haurim*). El nombre de *Jag Haurim* tiene su origen en un acontecimiento histórico. Pero según la

Kabbalah, el término חג (*jag*) significa "que se mueve en círculo" —es decir, "que forma una conexión con la Luz Infinita"— y no hay relación entre jag חג y *jaguigá* חגיגה ("celebración"). El término "festividad", en rigor, es una traducción completamente distorsionada de la palabra original. Es más, la práctica antigua de ubicar la *Janukiyá* (menorá o candelabro de *Janucá*) sobre el alfeizar de la ventana para "anunciar el milagro" no se acerca siquiera a la intención original de los sabios, que estaba basada de hecho en la Kabbalah. Por otra parte, la costumbre de hacerse regalos entre los miembros de la familia probablemente esté más conectada con la Navidad que con *Janucá*. Esto se debe a dos razones: primero, se supone que las acciones de compartir y ocuparse de los demás deben mantenerse a lo largo de todo el año, no sólo durante una festividad concreta. En segundo lugar, porque dar dentro del propio círculo familiar es como darnos a nosotros mismos, y por tanto no constituye un verdadero acto de compartir. La entrega de regalos está asociada a la festividad de *Purim*, no de *Janucá*; en realidad, la idea en *Purim* es intercambiar presentes no tanto dentro sino fuera del círculo familiar, para ayudar así a los necesitados y menos afortunados.

Cuando los griegos gobernaban la tierra, prohibieron que los Israelitas estudiaran la espiritualidad; también profanaron el Templo Sagrado y el aceite de oliva que se usaba para encender la menorá. Los *Macabim* (Macabeos) derrotaron a los griegos en el día de *Janucá*. En el 25º día de *Kislev* (Sagitario), la prolongada Guerra llegó a un súbito final con la victoria de los *Macabim*, después de la cual el imperio griego comenzó a desintegrarse por todo del mundo, incluso en lugares cuyos habitantes no habían tenido la intención de rebelarse. En aquel día, mientras conducían una búsqueda por todo el Templo, los *Jashmonaim* encontraron un único recipiente que todavía tenía el sello del Sumo Sacerdote. Este pequeño recipiente contenía un aceite excepcionalmente puro que estaba cargado de una conciencia especial, tal como lo explica la *Torá* en los Libros del Éxodo y Levítico. Usando este aceite, los *Jashmonaim* encendieron la menorá apagada para anunciar su victoria, y el aceite que fluyó del pequeño recipiente, que se suponía que debía durar un solo día, ardió durante ocho días. Éste es el acontecimiento histórico que los tradicionalistas citan como base para que *Janucá* reciba el nombre de "Festival de Luces". Sin embargo, el *"Al Hanisim"* (sección de milagros del libro de rezos), que se lee durante las festividades de *Janucá* y *Purim*, no hace ninguna alusión a esta brillante victoria militar. En su lugar, explica que la victoria resultó sólo del apoyo total del Creador que se reveló en aquel día, igual que sucedió en el milagro del Éxodo cuando el Creador guió a los Israelitas fuera de Egipto. La derrota de los griegos no fue el resultado del poder militar de los Israelitas, sino el resultado de la revelación del poder del Creador: un destello de Luz que liberó a los Israelitas de la opresión de los griegos en este día en particular entre todos los días del año.

Pero si las cosas se desarrollaron de tal modo, ¿cuál es la manera correcta de celebrar esta festividad? Y, más allá de la victoria, ¿qué estamos celebrando? Comúnmente no recordamos experiencias de encarnaciones previas, y muchos de nosotros podríamos no haber estado en Israel —o incluso en el mundo— durante la Rebelión de los *Macabim*. Por lo tanto, ¿cómo podemos saber qué pasó realmente en Israel en aquel momento y cómo deberíamos celebrar *Janucá*? En *Shaar Hakavanot* —Las Puertas de la Meditación— Rav Isaac Luria, el Arí, revela las respuestas a estas y otras preguntas.

De acuerdo con el *Talmud*, los *Cohanim* (sacerdotes) de la familia *Jashmonaí* lideraron la rebelión. Nunca antes un fenómeno semejante había sido mencionado en la historia de los Israelitas. De hecho, la *Torá* no menciona ningún caso en el que los *Cohanim* estuvieran a la cabeza del ejército. Los *Cohanim* estaban siempre en el Templo y no lo abandonaban por ninguna otra actividad. Este dato histórico especial nos da pistas de lo que ocurrió durante *Janucá*. De manera contraria a lo que comúnmente se cree, la razón por la que la Tierra de Israel se llama la "Tierra Santa" y Jerusalén la "Ciudad Santa", se debe a que Jerusalén era originalmente santa en sí misma, razón por la cual el Templo estaba ubicado allí; no se volvió santa como resultado de la construcción del Templo. La Tierra de Israel es la causa, y el Templo es el resultado.

Janucá se menciona en la *Torá* de una manera oculta. Todas las festividades o *moadim* מוֹעֲדִים , que se mencionan en la *Torá* son acontecimientos cósmicos, lo cual equivale a decir que durante éstas *moadim* las Puertas del Cielo se abren. Pero, ¿qué significa esto? ¿Quiere decir esto que las Puertas del Cielo permanecen cerradas durante los restantes días del año? Específicamente, las *moadim* son los días en los que se nos brinda la oportunidad de conectarnos con ciertas energías que fluyen desde los mundos superiores. *Janucá, Pésaj, Rosh Hashaná* y *Sucot* no son fiestas que duran todo el año; son acontecimientos que nos ayudan a inyectar energía, y es por eso que nos sentimos tan felices cuando llegan. Nuestra exposición a dichas energías se asemeja al funcionamiento de los faros retráctiles de un auto: apretamos un botón, los faros se levantan y las luces alumbran. En los demás momentos, los faros están cubiertos y por lo tanto no dan luz.

¿Pero por qué la Luz espiritual de las festividades no se revela en los demás días del año? El Zóhar y el Arí explican que uno debe reconocer siempre las *klipot* (cáscaras espirituales de negatividad) que existen en el mundo para permitirnos eliminar el Pan de la Vergüenza. En efecto, el Creador hizo que el sistema puro y el sistema impuro se enfrentaran entre ellos para que pudiera practicarse la verdadera libertad de elección. Si no fuera por las *klipot*, todos seríamos buenos todo el tiempo, y por lo tanto no habría posibilidad de eliminar el Pan de la Vergüenza. Al mismo tiempo, no deseamos fortalecer y alimentar las *klipot* más de lo indispensable para preservar su existencia. Si la Luz de las fiestas quedara expuesta a lo largo de todo el año sin restricción alguna, las *klipot* se alimentarían de ella incesantemente y eso es algo que no queremos que suceda. Por ello la Luz se revela sólo por períodos de tiempo restringidos y medidos.

Sabemos que ninguna festividad se celebra en conmemoración de un acontecimiento físico o histórico específico. Por lo tanto, cabe preguntarse: ¿por qué el recipiente con aceite fue descubierto el 25° día del mes lunar de *Kislev*, que cae en el mismo período que el mes de diciembre? ¿Por qué los *Jashmonaim* derrotaron a los griegos en el 25° día de *Kislev*? Vayamos a la raíz, a la fuente, para investigar y buscar la razón espiritual que ocasionó los acontecimientos históricos relacionados con esta festividad.

Dado que *Janucá* es una festividad, debería ser inmediatamente obvio que un acontecimiento cósmico ocurrió en el día 25° de *Kislev*, cuyo resultado fue la victoria de los *Macabim* sobre los griegos. Por lo tanto, no es la victoria lo que celebramos, sino más bien el acontecimiento cósmico que tiene lugar en todo el universo cada *Janucá*. Ciertamente, muchos acontecimientos cósmicos influyen en nuestras vidas: las mareas son el resultado del efecto de la luna sobre la tierra, y nuestras características y formas de vida reciben la influencia de los doce signos del zodíaco, la Luna y los planetas de nuestro sistema solar. De la misma manera, la *Torá* explica que *Pésaj* (Pascua) y otras festividades marcan influencias cósmicas. No celebramos ninguna festividad simplemente por razones religiosas, porque según la Kabbalah, la *Torá* no es una religión.

Estas festividades tienen la intención de brindarnos conocimiento sobre el calendario cósmico y las oportunidades que tenemos de conectarnos con la reserva cósmica de energía. Siempre que nos sentimos débiles y deseamos fortalecernos, comemos algo, vamos al médico o leemos un libro; pero ninguna de estas soluciones nos protege verdaderamente de la energía negativa. Escuchar música puede mejorar nuestro estado de ánimo de manera transitoria, pero no puede impedir una intromisión en nuestro hogar o librarnos de accidentes y enfermedades. No hay ninguna solución física que ofrezca una respuesta integral y equilibrada a todos los problemas y desafíos a los que la vida nos enfrenta. Como mencionamos anteriormente, *Janucá* no es una festividad destinada a evocar una victoria militar; tampoco fue pensada para repartir regalos entre los miembros de la familia, jugar con *dreidels* (trompos con los que juegan los niños) y comer *latkes* (panquecas de patata). En su lugar, esta festividad fue creada con la intención de proporcionarnos las respuestas a todos los problemas de la vida. En definitiva, el Festival de *Janucá* nos permite conectarnos con la reserva cósmica de la energía de vida, la salud, el éxito, la seguridad y la continuidad.

Pero si durante las festividades se nos brinda la oportunidad de conectarnos con la Luz, ¿qué impide que las *klipot* obtengan provecho de esa oportunidad? En el Zóhar, Rav Shimón bar Yojái explica que cuando la Luz se revela en las festividades, lo hace de manera indirecta, de forma codificada, de tal modo que sólo a través de la meditación y las acciones especiales podamos conectarnos con ella. Ésta es la razón por la que Rav Shimón vino al mundo y enseñó las intenciones especiales, que el Arí explicó más tarde con más detalle. Estas meditaciones son conocidas sólo por aquellos que han estudiado la Kabbalah, y el conocimiento que contienen apareció en el universo sólo en arameo. Como resultado, Satán no está familiarizado con las meditaciones y no puede obtener provecho de la Luz que se revela en las festividades y los festivales. Por la misma razón, dice Rav Shimón, no hay forma de propiciar la redención si no se estudia la Kabbalah y si no se aplica el conocimiento que encierra el Zóhar.

Dentro de todo conocimiento hay energía codificada. Sentimos la energía en el conocimiento y aspiramos a conectarnos con ella. Sin embargo, mientras el mensaje contenido en ese conocimiento permanezca codificado, no podremos conectarnos y el resultado será la frustración. En cambio, después de invertir nuestro esfuerzo en estudiar, descifrar el código y conectarnos con la Luz, podremos disfrutar de la plenitud que la Luz nos da: una sensación de alegría y satisfacción plenas. No obstante, explica Rav Shimón, no es sólo la Luz de las festividades la que está codificada, sino toda la *Torá*. Cada letra es un canal para la energía. Por eso, sin la sabiduría de la Kabbalah no tenemos posibilidad de conectarnos con la Luz de la *Torá*. Debe comprenderse que esto no tiene nada que ver con lo que pasó en los días del Templo y los griegos, una información que aunque nos enseña a ser victoriosos, no nos ayuda con nuestras vidas en el presente.

¿Por qué celebramos *Janucá* aun cuando no se menciona de manera específica en la *Torá*? ¿Se debe al milagro que ocurrió en aquellos días? Muchos grandes milagros han ocurrido en el transcurso de la historia, pero no marcamos cada uno de ellos con una festividad específica. *Purim* tampoco se menciona de manera explícita en la *Torá*, y sin embargo lo celebramos cada año. De acuerdo con la tradición, en *Purim* se celebra un milagro que ocurrió durante el reinado del imperio Persa. ¿Por qué de entre todos los milagros estos dos reciben especial atención cada año?

¿Alguna vez te has preguntado sobre la fecha en la que los *Jashmonaim* alcanzaron la victoria, llevando así la prolongada guerra contra los griegos a un final repentino? Puesto que la respuesta se halla en el código cósmico de la *Torá*, debemos buscar la respuesta en el universo. El acontecimiento cósmico que trajo la victoria a los *Jashmonaim* ocurrió en el mes de *Kislev*, que corresponde al signo de Sagitario. Por lo tanto, Sagitario influyó en estos acontecimientos y está relacionado con su causa. Además de este guión celestial, debemos también discutir un factor aun más importante: Júpiter, el planeta que rige el signo de Sagitario. Los signos del zodíaco son canales a través de los cuales los planetas influyen en nuestras vidas. Podemos entonces interpretar la victoria de los *Jashmonaim* y el milagro del recipiente con aceite analizándolos en relación con el planeta Júpiter y su signo zodiacal.

La palabra קֶשֶׁת *keshet* (que significa "arco" o "arco iris"), la cual describe el signo de Sagitario y nos permite conectarnos con el poder que se revela en el universo durante el mes de *Kislev*, se refiere no sólo a un arma antigua —el arco y la flecha— sino también al arco iris y la combinación de energías que el arco iris contiene: derecha, izquierda y central (blanca, roja y verde). Sin entrar en una explicación detallada de la relación entre las tres columnas y el protón, el electrón y el neutrón, la palabra *keshet* implica que algo que ocurre bajo este signo infunde en el universo la fuerza de la unidad expresada en un átomo. Todos aquellos que saben cómo conectarse con esta fuerza pueden sacar partido de ella durante el mes de *Kislev*. No hay en el mundo una fuente de energía nuclear más poderosa que el átomo. Esta energía se basa en el equilibrio y la unidad existente entre el protón (una expresión del Deseo de Compartir), el electrón (una expresión del Deseo de Recibir) y del neutrón (una expresión del equilibrio entre los dos, la columna central).

No es accidental que el signo de Sagitario pertenezca al tercer mes después de *Rosh Hashaná*. Los meses del año se dividen en cuatro grupos de tres meses cada uno. Sagitario es el tercero de su grupo y está precedido por Libra y Escorpio, y su posición hace alusión a la naturaleza de su conciencia interna. El arco iris contiene en su interior simetría, centralización y el equilibrio de las columnas derecha, izquierda y central; esta es la conciencia que ocasionó la expresión de la energía de Júpiter. Los *Jashmonaim* sabían como aprovechar esta energía, y fue así como derrotaron a los griegos y realizaron el milagro de *Janucá*. A estas alturas debería resultar obvio que no estamos discutiendo una tradición Israelita, sino una lección que nos permite conectarnos con el mismo poder inmenso que puso a un imperio mundial de rodillas en el 25° día de *Kislev*.

Al mismo tiempo, debemos plantear preguntas adicionales. Por ejemplo, si el inmenso poder de la energía nuclear está disponible para nosotros durante todo el mes de *Kislev*, ¿por qué ocurrió la gran victoria en el día 25° del mes? *Sefer Yetsirá* —*El Libro de la Formación*, escrito por Avraham el Patriarca— declara que el poder del alfabeto arameo yace en el hecho de que todos los planetas, todas las clases de inteligencias energéticas y todos los signos del zodíaco fueron creados por las letras del alfabeto arameo. Las 22 letras son responsables de las tres columnas (derecha, izquierda y central), los siete planetas y los doce signos del zodíaco: 3 + 7 + 12 = 22 en total. Además, *El Libro de la Formación* nos proporciona la información cósmica mediante la cual podemos conectarnos con esta energía. Avraham afirmó que Júpiter fue creado usando la letra ℷ (*Guímel*). El valor numérico de *Guímel* es 3. Sagitario y el mes de *Kislev* fueron creados usando la letra ס (*Sámej*). El valor numérico de *Sámej* es 60. Y 60 + 3 = 63. Este mismo número, el 63, está relacionado con la *Sefirá* (nivel) de *Biná*.

¿Por qué celebramos los milagros de *Janucá* y *Purim* y no otros milagros no menos impresionantes? Cuando seguimos las huellas de los sabios y examinamos el significado de *Janucá* desde una perspectiva kabbalística —el signo zodiacal del mes, su planeta, sus letras, los nombres relacionados con la festividad y la duración de la misma— llegamos a la conclusión de que estamos frente a un acontecimiento cósmico que está codificado en la *Torá*. Sin embargo, de ser así, ¿cuál es la diferencia entre las festividades mencionadas de manera explícita en la *Torá* y las dos que no lo son: *Janucá* y *Purim*? A propósito, la festividad de *Purim*, que se celebra en el mes de *Adar*, también está regida por Júpiter. Es una coincidencia interesante que la victoria ante los griegos en *Janucá* y la victoria ante los persas en *Purim* ocurrieran ambas bajo la influencia del mismo planeta. ¿Qué hay de singular en estas dos fechas? ¿Qué es aquello que se transmite en todo el universo que justifica tratar estos dos casos de idéntica manera que otras festividades descritas explícitamente en la *Torá*? ¿Y Por qué decimos que son festividades? Tal vez sería mejor celebrarlos como "días de completitud": días sagrados, de continuidad, eternidad o de fluidez cíclica infinita.

Según la historia, el milagro de *Janucá* representa la victoria militar de los *Macabim* sobre el ejército griego y el hecho de que la cantidad de aceite que normalmente ardería durante sólo un día duró ocho días. ¿Pero por qué no celebramos milagros más impresionantes como la división de las aguas del Mar Rojo o la conquista de Jericó? ¿Qué conexión hay entre las aventuras de los *Macabim* y nuestras vidas presentes que justifique nuestra celebración de estos acontecimientos? Como es sabido, no tenemos costumbres sin una razón. Cada uno de los actos que llevamos a cabo en el transcurso de nuestras festividades está pensado para ayudarnos a conectarnos con las energías que se transmiten en todo el universo en esos momentos, a fin de que podamos usarlas para resolver nuestros problemas y mejorar nuestra calidad de vida. Si examinamos el milagro del aceite con un criterio lógico, podemos decir que como el aceite duró ocho días y debió haber durado sólo uno, el milagro comenzó en el segundo día. Sin embargo, si ese fuera el caso, deberíamos celebrar la festividad sólo durante siete días. Desde una perspectiva kabbalística, sin embargo, es más importante preguntar por la fuente de poder que causó que el aceite durara exactamente ocho días y no catorce, cinco o cuatro; y la respuesta no es "porque eso es lo que sucedió", como responderían los físicos. Los efectos nunca pueden ser causas; las causas se encuentran en el reino espiritual y los resultados existen en el reino físico. Por lo tanto, un evento físico como el milagro del recipiente con aceite o la victoria militar de los *Macabim*, que son necesariamente resultados, no puede nunca servir como causa fundamental de ninguna cuestión. Cuando un kabbalista investiga la realidad, no queda satisfecho con una mera descripción de la misma, sino que está interesado en comprender sus reglas y leyes subyacentes de la forma más minuciosa posible.

Si contamos las *Sefirot* del Árbol de la Vida en dirección descendiente, desde *Kéter* a *Maljut*, encontraremos que *Jod* es la octava *Sefirá* del Árbol de la Vida; en una dirección ascendente, de *Maljut* a *Kéter*, encontraremos que *Biná* es la octava *Sefirá* (ver Diagramas 1 y 2). En *Janucá* se revela una gran Luz que está conectada con estas dos *Sefirot*. Además, en el reino de las últimas ocho *Sefirot*, se expresan relaciones recíprocas entre Luces y vasijas que se revelan mediante estos dos métodos de contar. Aunque estas Luces y vasijas han existido desde la Creación, fueron reveladas y aparecieron por primera vez gracias a los *Macabim*, quienes en virtud de su unidad se elevaron desde *Maljut* a *Zeir Anpín* (Diagrama 3) (una combinación de *Jésed* hasta *Yesod*). Estamos celebrando el milagro de la huída de los *Macabim* del mundo de *Maljut*, en contra de la naturaleza, hasta *Zeir Anpín*. La victoria militar de los *Macabim* y el milagro del aceite fueron sólo el resultado de la trascendencia macabea. El poder de *Biná* y *Jod*, descubierto por los *Macabim*, podría haber causado que el aceite tuviera cualquier otra duración. *Matityahu*, el Sumo Sacerdote y padre de los *Macabim*, eligió encender la menorá por exactamente ocho días para indicarnos la fuente verdadera de la victoria: el poder de la Luz del Creador, que se revela a través de la *Sefirá* de *Biná* en *Nétsaj, Jod* y *Yesod* (Diagrama 4). *Matityahu* nos revela que los milagros pueden suceder en cada generación sucesiva si nos conectamos con esta fuerza, tal como él lo hizo. Por cierto, *Sucot* también dura ocho días. El concepto de ocho días no es inusual ni extraño. Una vez más, la salida del marco de las siete *Sefirot* inferiores nos conecta con la *Sefirá* de *Biná*, la reserva de energía cósmica. Ésta es la conciencia de una festividad de ocho días de duración.

Encendemos la *Janukiyá* no en conmemoración de los acontecimientos milagrosos, que son un resultado, sino para conectarnos con la causa. Las meditaciones para encender la *Janukiyá* nos conectan directamente con la Luz de la *Sefirá* de *Jod*. El milagro del recipiente de aceite fue creado por *Matityahu*, quien se elevó por encima de la naturaleza de la realidad física y cambió esa naturaleza. La esencia de la festividad radica en el motivo por el cual los *Macabim* —los miembros de la familia de sacerdotes— encontraron el recipiente de aceite sellado. El hallazgo del aceite nunca podría constituir una razón para una festividad, ya que el aceite es algo físico. Pero, ¿por qué fue encontrado el aceite? Y por otra parte, ¿cómo definimos un milagro? Un milagro es todo acontecimiento que no sigue el curso de la naturaleza. Todo aquello que está más allá de la naturaleza tal como la conocemos es un milagro. Todo lo sobrenatural es un fenómeno cósmico. El poder más grande utilizado para eliminar el caos se expresa en la palabra hebrea נ ס nes (o "milagro"). ¿Qué es lo que médicos, científicos y todas las demás personas dicen cada vez que el caos se infiltra en nuestras vidas? "En esta situación, sólo un milagro podría salvarnos". Lo que quieren decir es que sólo un milagro puede transformar el caos en Luz, restaurando así el orden y la armonía.

Aquellos que han leído los capítulos sobre *Rosh Hashaná* y *Yom Kipur* en *Días de Poder, Primera Parte* saben que *Biná* es la reserva de energía que nos nutre durante *Tishrei* (Libra), el mes que corresponde a octubre. Nos conectamos con esa reserva de energía a fin de recibir la cantidad de vida suficiente para todo el año. Estas festividades tienen lugar cuando los planetas y las constelaciones brindan al mundo la abundancia de energía de vida requerida por todos sus habitantes para vivir un año más. La *Torá* afirma que los seres humanos de todo el mundo son juzgados en *Rosh Hashaná*; si desean hacer algo al respecto, deberían conectarse a *Biná* y atraer esa energía a sus vidas. La *Torá* nos dicta la receta del éxito que se encuentra en el *Shofar* y otros detalles del procedimiento. Lo mismo se aplica para *Yom Kipur* y *Sucot*. El propósito de la *Torá* es enseñarnos lo que podemos hacer para nuestro propio bien, para ganarnos otro año de vida de calidad.

En *Hoshana Rabá* se sella y se implementa la porción de energía que cada persona en la tierra ha recibido para el Año Nuevo durante el mes de *Tishrei*. Al mismo tiempo, en el día 25° de *Kislev*, los rezagados reciben otra oportunidad para conectarse con *Biná* y atraer más energía vital. Por lo tanto, la Festividad de *Janucá* está vinculada a los acontecimientos del mes de *Tishrei* y tiene implicaciones directas en la calidad y la expectativa de vida. Una pista más sobre el acertijo de esta festividad se halla en el nombre completo del líder de la rebelión: *Matityahu, Cohén Gadol Jashmonaí* (Sumo Sacerdote). ¿Cómo es posible que este hombre fuera personalmente responsable de la caída del imperio griego? No aceptamos un "porque sí" como respuesta satisfactoria. Sabemos, por ejemplo, que del nombre מ**ש**ה *Moshé* (Moshé) deriva su fuerza de la combinación מ ה **ש** de los 72 Nombres, la cual permite una conexión con el poder cósmico de sanación. Éste es el secreto del poder de Moshé, el Patriarca. De manera similar, un significado profundo está imbuido en cada nombre y palabra relacionados con cada festividad y festival que celebramos. El valor numérico de la palabra מתיתיהו (*Matityahu*) es igual al de ראש ה**ש**נה (*Rosh Hashaná*): 861. Parafraseando a Shakespeare: "Una rosa es una rosa. Una rosa con otro nombre podría en apariencia ser llamada por otro nombre, pero no lo es. La rosa emite una fragancia característica y es llamada por este nombre porque su esencia es ésa y no otra. Si fuera llamada con otro nombre, no emitiría la fragancia de una rosa". Así, en el nombre *Matityahu*, los ocho días de la festividad y el número 63 se unen para ofrecer una solución común al crucigrama de la festividad.

En resumen, *Janucá* no es una festividad que debamos celebrar en nombre de la tradición. Si continúa presentándose de esta manera, podemos estar seguros de que en unos años más ya nadie la celebrará realmente, tal como ha ocurrido con muchas otras tradiciones religiosas en el mundo, que han perdido su significado. En la Era de Acuario las personas ya no siguen a los líderes de forma ciega y automática; en su lugar, lo hacen desde la conciencia, la sabiduría y la libre elección. Cuando los sabios investigaron las razones para celebrar la Festividad de *Janucá*, concluyeron que hacía referencia, no a un milagro más, sino a un acontecimiento cósmico que esencialmente recreaba el de *Rosh Hashaná*. Por lo tanto, no celebramos ni el milagro del recipiente con aceite ni la victoria ante los griegos, sino la conexión con la *Sefirá* de *Biná* y la conciencia de *Zeir Anpín*, el Deseo de Compartir. Los sabios nos dicen que *Janucá* es como *Rosh Hashaná* en pequeño y, como bien sabemos, la festividad de *Rosh Hashaná* está destinada a todos los seres humanos, todas las religiones y personas en todos los niveles de conciencia: tanto para aquellos que saben conectarse con la Luz como para aquellos que no saben hacerlo. Pero los que saben conectarse pueden elegir libremente y controlar su propio destino, mientras aquellos que no saben están destinados a ser esclavos de los engaños del destino. Al aplicar la sabiduría de la Kabbalah, somos capaces de aprovechar las fuerzas del universo que se revelan en estas festividades, y a través de ellas mejoramos nuestro estado de existencia físico y espiritual. Esto no es religiosidad; es lógica.

¿Quién no quiere mejorar su vida? *Janucá* y *Rosh Hashaná* son similares en que ambas festividades nos brindan la oportunidad de conectarnos con una fuerza que fortalece nuestro ADN físico y espiritual, así como el del mundo que nos rodea. El ADN del medio ambiente es el código que gobierna nuestra relación con el mundo a nuestro alrededor: otros seres humanos, el clima, las fuerzas de la naturaleza, el tráfico, etc.

En el mes de *Kislev* (Sagitario), que corresponde al mes de diciembre, se nos brinda la oportunidad de incrementar la fuerza vital a nuestra disposición. Si durante el mes de *Tishrei* (Libra), que corresponde a octubre, recibimos una porción de vida que nos durará menos de un año entero —digamos, sólo hasta febrero, marzo, junio o julio—, en *Janucá* podemos nuevamente conectarnos con *Biná* y obtener la energía que nos falta para llegar a salvo a la próxima celebración de *Rosh Hashaná*. Ésta es la verdadera resurrección de los muertos, aunque ocurra antes de que la muerte llegue. *Janucá* es el tiempo de *Matityahu*, el tiempo del 861, cuando *Rosh Hashaná* vuelve a visitarnos y *Shminí Atséret* regresa de nuevo para vernos. Todos aquellos que fueron sentenciados a no llegar sanos y salvos a la celebración de *Rosh Hashaná* del año siguiente, en *Janucá* pueden completar lo que les falta.

Sucot es otra festividad que más que conmemorar un acontecimiento histórico nos brinda la oportunidad de construir una vasija y un sistema de protección espiritual. En *Sucot* no celebramos las vicisitudes de los Israelitas en el desierto; tampoco celebramos que habitaran en estructuras temporales durante cuarenta años. Nuestro objetivo no es enseñar a los ricos a recordar a los menos afortunados que viven en viviendas precarias. Después de todo, ¿cuan útil puede ser para nosotros abordar un tema socioeconómico viviendo en una cabaña precaria durante una semana al comienzo de cada invierno? Naturalmente, éste no es el caso. Lejos de ello, la *Sucá* es un canal cuyo propósito y propiedades están especificados en *Días de Poder, Primera Parte*, que explica la celebración de *Sucot. Janucá* dura ocho días, como *Sucot*. En ambas festividades se nos brinda la oportunidad de obtener vida desde ese momento hasta la siguiente celebración de *Rosh Hashaná*. En efecto, las festividades de *Tishrei* nos permiten conectarnos y obtener vida para el año venidero. Por lo tanto, si nos conectamos apropiadamente, las festividades de *Tishrei* nos proporcionarán el ADN personal y medioambiental que necesitamos para todo un año. No hay en esto ninguna observancia religiosa; sólo es un medio para mejorar la calidad de nuestras vidas. Y esto implica que debemos operar bajo varias condiciones, como preocuparnos por los demás y compartir, entre otras. Sin embargo, estas facetas no explican el significado completo de *Janucá*. Como en el caso de *Sucot*, todo lo que debemos hacer para conectarnos con la energía de *Janucá* es saber que la transmisión está ocurriendo en el universo. Aquellos que no lo saben no pueden conectarse.

Actualmente, se pueden adquirir fácilmente menorás eléctricas que pueden utilizarse en lugar de velas de cera o aceite y pabilo. De hecho, muchos rabinos opinan que encender una *Janukiyá* eléctrica nos permitirá cumplir con la obligación requerida para mantener la tradición de *Janucá*. ¡Pero eso no es suficiente para comunicarse a *Biná* con la conciencia del Deseo de Compartir! La Luz de *Jasadim* (misericordia) es lo que buscamos en *Sucot* y en *Janucá*. Durante *Janucá*, como en *Sucot*, tenemos a nuestra disposición muchos accesorios para establecer esa comunicación. Encender la *Janukiyá* sin las meditaciones correctas no nos asegura una conexión con la reserva cósmica de energía; por el contrario, garantiza una probable falta de conexión con el acontecimiento especial que ocurre sólo cuando el planeta Júpiter y la constelación de Sagitario cooperan. El significado de las velas o de los pabilos de aceite radica en que son una forma de atraer la Luz de *Biná* directamente hacia nosotros. Mediante esta Luz somos capaces de derrotar a cualquier enemigo y de ganar cualquier batalla mientras estamos sentados en casa, aunque la batalla física esté lejos de nuestro lugar de descanso. Así es como *Matityahu* afectó al a todo el imperio griego sin dejar a su hijo Yehudá y sin enviar mensajeros a otras tierras. La influencia que ejerce el poder espiritual en el universo puede erradicar la negatividad de su fuente sin importar dónde esté dicha fuente. Esto, en realidad, es lo que pasó en *Janucá*. Los

Jashmonaim lo sabían y se conectaron con la reserva de energía cósmica. El recipiente con aceite fue encontrado y duró ocho días debido a un acontecimiento cósmico llamado "Pequeño *Sucot*", que delegó una abundancia energética inmensa sobre nosotros. Esto es lo que celebramos y nada más. La victoria militar fue sólo el resultado de esta revelación cósmica. Según el *Sidur* (libro de conexión diaria), desde el momento en que la gran Luz fue revelada, todos los acontecimientos posteriores ocurrieron espontáneamente: la victoria militar, la purificación del Templo y el encendido de la *Janukiyá*.

Aunque también nos conectamos con *Biná* durante las festividades de *Tishrei*, en *Janucá* nos conectamos con *Biná* en un nivel más físico, en el marco de *Nétsaj*, *Jod*, y *Yesod*, es decir: *Biná* de *Nétsaj*, *Biná* de *Jod* y *Biná* de *Yesod* (Diagrama 4). Por comparación, podría decirse que mientras *Tishrei* nos da acceso al almacén principal de energía, *Janucá* nos permite entrar en una pequeña despensa de una sucursal local. De hecho, la sucursal local es más cómoda que el almacén central, pero su potencial inherente es más definido y limitado. El tema de la accesibilidad está ampliamente demostrado en el hecho de que para conectarnos con *Biná* en *Yom Kipur* debemos ir a la sinagoga, mientras que en *Janucá* la comunicación requerida para conectarse con *Biná* en *Nétsaj*, en *Jod* y en *Yesod* puede realizarse en nuestros hogares, incluso sin un *minyan* (quórum de diez hombres requerido para atraer la máxima energía durante un servicio de rezo). La comunicación es tan fácil que no es necesario ayunar, y ni siquiera hay una *Meguilá* o rollo para leer, tal como ocurre en

Purim. Al seguir los cinco preceptos en conjunción con la energía del día, en *Yom Kipur* nos desconectamos de *Maljut* y nos elevamos a un lugar libre de *klipot*, a niveles en los que Satán no tiene poder alguno. En *Janucá* estamos en estratos inferiores, y todo lo que se requiere de nosotros es el conocimiento de la dirección: *Biná* de *Nétsaj*, *Biná* de *Jod* y *Biná* de *Yesod*.

En *Pésaj* celebramos un acontecimiento verdaderamente importante: la transición de la esclavitud hacia la libertad. Pero la *Torá* está repleta de evidencias de que los Israelitas ni siquiera tenían la intención de abandonar Egipto. De hecho, en muchas ocasiones expresaron el deseo explícito de regresar a Egipto, a los filetes de carne, los pepinos y las cebollas. El Zóhar y el *Talmud* anotan con pesar que si el Creador no hubiera impuesto el Éxodo de Egipto al pueblo de Israel, éste habría permanecido por siempre esclavo del Deseo de Recibir Sólo para sí Mismo, porque los miembros de aquella generación fueron los menos espirituales que hayan existido. Los Israelitas no iniciaron ni el Éxodo de Egipto ni la revelación del poder que lo causó. Ésta fue una iniciativa que se originó sólo en los mundos superiores.

Prestemos atención ahora a otra festividad mencionada en la *Torá*: la Revelación en el Monte Sinaí, considerada como el acontecimiento más grande de la historia del mundo desde la Creación misma. En esta ocasión se reveló el documento conforme al cual viven los miembros de todas las religiones, o el que sirve al menos como la base de todas las religiones. ¿Anhelaban los Israelitas la revelación del

Creador y la *Torá*? Ciertamente, estas personas no tenían la más mínima intención de recibir leyes y juicios que restringieran su Deseo de Recibir Sólo para sí Mismos. El *Talmud* afirma que el Creador arrancó el monte Sinaí, ubicó a los Israelitas en el cráter donde la montaña había estado antes y les dijo: "O bien reciben la *Torá* o éste será vuestro lugar de entierro, porque la continuidad de vuestra existencia en la tierra ya no tendrá sentido. Lo que sucederá finalmente si no aceptan la *Torá* es que se comerán vivos los unos a los otros. En otras palabras, la vida sobre la tierra desaparecerá en una guerra global". Así se puede ver que tanto *Pésaj* como *Shavuot* fueron creadas no para los Israelitas de esa generación, sino para las generaciones venideras, para el futuro. Hasta se podría decir que los Israelitas de aquella era fracasaron completamente, pues tras haber recibido la *Torá* de inmediato construyeron el Becerro de Oro. El único significado de conmemorar el acontecimiento reside en el hecho de que en cada generación ocurre la misma revelación, el mismo acontecimiento cósmico. Si los miembros de la generación del Éxodo no fueron lo suficientemente sabios para conectarse con el acontecimiento, nada nos impide que lo hagamos hoy. En ambos casos vemos que el Creador inició el acontecimiento y el pueblo Israelita fue forzado a cooperar.

La primera vez que tenemos constancia que los Israelitas actuaron de acuerdo con los preceptos de la *Torá* —creando equilibrio, simetría y armonía y trayendo paz y amor al mundo— fue en *Janucá*. Los griegos les ordenaron que dejaran de estudiar la *Torá* y regresaran a la idolatría. La diferencia esencial entre la idolatría y la creencia en un solo Dios, que fue introducida en el mundo por Avraham el Patriarca, es que el Dios único representa el Deseo de Compartir. Creer en este Dios nos enseña a compartir desde adentro, es decir, reemplazar el Deseo de Recibir Sólo para sí Mismo por el Deseo de Recibir con el Propósito de Compartir. Por el contrario, la idolatría refuerza el Deseo de Recibir Sólo para sí Mismo, fomentando la separación, la destrucción y la muerte. Por lo tanto, cuando los Israelitas decidieron que no estaban dispuestos a regresar a esa conciencia y que no estaban dispuestos a repetir el error de sus ancestros en Egipto, causó la caída del imperio griego en el 25° día de *Kislev*, porque en ese día la reserva de energía de *Biná* volvió a abrirse, igual que durante el mes de *Tishrei*. La combinación de Júpiter y Sagitario (63) abrió la puerta de la reserva de energía a un grupo de Israelitas, permitiéndoles utilizar esta energía para causar la repentina caída del imperio griego no sólo en la Tierra de Israel sino en todo el mundo. Resulta extraño, ya que los miembros de las demás naciones conquistadas por los griegos no se rebelaron. Pero al propagar a otros la conciencia del Deseo de Compartir, el Deseo de Recibir Sólo para sí Mismo fue forzado a rendirse.

A pesar de la pena de muerte que los griegos impusieron sobre todo aquel que estudiara la *Torá*, los Israelitas presentaron contra ellos el poder de la columna central, el arco iris. Éste era el mismo arco iris que el Creador había mostrado a Noé: un signo de perfección completa, un signo de paz, y una garantía de que nunca más un diluvio destruiría el mundo. Como ya sabemos, el arco iris representa el equilibrio y la unidad de las tres columnas, tal como se expresa dentro de cada átomo. Este poder de la columna central y su uso contra fuerzas negativas, que constituye la aplicación de la fuerza de resistencia, fue ejercido por primera vez por el pueblo de Israel en *Janucá*. Eso no ocurrió en *Pésaj* durante el Éxodo de Egipto ni durante *Shavuot* en el Monte Sinaí, ni siquiera en *Sucot*. La primera vez que los Israelitas realmente vivieron en la Luz de la *Torá* como una nación en lugar de como unos pocos elegidos —generando así y de manera activa un milagro— fue en *Janucá*. De ahí la singularidad de este milagro en oposición a otros milagros de los que los Israelitas han sido testigos en los últimos dos mil años: la Luz y el orden que se revelaron en el mundo como resultado de esta acción lo limpiaron de toda negatividad —representada por el imperio griego— y especialmente de la idolatría que personificaba al Deseo de Recibir Sólo para sí Mismo. De esta manera, no fue meramente una victoria local, sino también una global: un triunfo del bien sobre el mal.

Que la *menorá* haya ardido durante ocho días no es nada más que un signo, una afirmación de que una vez más la Luz de *Sucot* ha sido revelada. Cuando los sabios vieron a *Matityahu*, cuyo nombre en numerología kabbalística equivale a 861, vieron en él a *Rosh Hashaná*: la oportunidad adicional de vida que reciben los seres humanos. Sin embargo, para llegar a estas revelaciones y comprensiones, se requería evidencia. Esta evidencia comprendía el milagro del recipiente con aceite, el nombre de *Matityahu*, el mes de

Kislev y los demás factores que hemos enumerado. La razón de la celebración de *Janucá* reside, pues, en el acontecimiento cósmico que ocurre en el 25° día de *Kislev*: la oportunidad de reconstruir las festividades de *Tishrei*, no la victoria militar ante los griegos ni el milagro del aceite. La importancia de este milagro reside en el hecho de que fue el primero en ocurrir como resultado de que los Israelitas realizaran las *mitzvot* o acciones positivas de la *Torá* de forma colectiva, como una nación en lugar de como individuos.

Éste es otro factor que comparten *Janucá* y *Purim*. El milagro de *Purim* ocurrió después de la tremenda Luz que se reveló cuando los Israelitas actuaron al unísono conforme a la *Torá*. Esta revelación de Luz ocasionó la caída del imperio persa en el momento en que dominaba todo el mundo civilizado. Esther y Mordejai reconocieron que Júpiter permite milagros no sólo a través de la ventana cósmica de Sagitario, sino también a través de Piscis: la combinación de Júpiter y el mes de *Adar* (Piscis). El mes de marzo nos permite el acceso a grandes intensidades de energía cósmica que se transmiten a la tierra durante este tiempo. El mismo *Purim* no era el acontecimiento más importante, sino sólo la señal: una indicación de la oportunidad de conectarnos con el poder cósmico. Las costumbres que observamos en *Janucá* pueden, por lo tanto, ser vistas no como una tradición religiosa, sino como la receta para conectarnos con la energía que se transmite cada año en el universo en esa época. Es nuestra oportunidad para completar la energía que nos falta. Por eso encendemos las velas, y por eso a *Janucá* se le llama la Festividad de las Luces: la Luz demuestra un aspecto que no existe en ninguna otra entidad física: el aspecto de compartir.

Muchas costumbres y leyendas rodean la festividad de *Janucá*. Pero su relevancia, en contraste con su equivalente cristiano, la Navidad, no reside en los aspectos familiares y sociales de la reunión en sí misma ni en el intercambio de regalos, como hemos visto en años recientes. De hecho, la única festividad en la que dar regalos se menciona como una *mitzvá* es *Purim*. Dado que la mayoría de las personas han perdido contacto con la esencia verdadera de *Janucá*, no debería sorprendernos que esta festividad se desvaneciera de nuestro paisaje cultural, excepto tal vez por el afecto que todavía se siente por las roscas rellenas de mermelada y los *latkes* (panquecas de patata).

Aunque discutiremos acerca de las costumbres y leyendas asociadas con *Janucá*, parece que para nosotros no constituyen por sí solas una razón para celebrar la festividad. Según una creencia tradicional, *Janucá* es la festividad para las parejas sin hijos. Si una pareja experimenta infertilidad, se dice que es posible que mediante una comunicación espiritual correcta con *Biná* en *Rosh Hashaná* o *Janucá* complete la porción de energía vital que le falta para abrir el bloqueo, alcanzar un estado de fertilidad y traer hijos al mundo. El tema de la fertilidad es una de las maravillas más misteriosas de la Creación. Aun hoy, con la clonación de animales en laboratorios, nadie entiende verdaderamente cómo una célula espermática y un óvulo se convierten en una criatura viva y madura. Dada la enorme cantidad de energía vital que se inyecta en nuestro universo en *Rosh Hashaná* y en *Janucá*, si una persona necesita ayuda para traer hijos al mundo, le bastará con conectarse a esta energía y atraerla al mundo a través de sí misma. Es importante notar que los sabios relacionaron *Rosh Hashaná* y *Janucá* con las parejas que no tienen hijos. Hago esta mención para enfatizar que en *Janucá* no celebramos la victoria de los *Macabim* ante sus enemigos, sino el acontecimiento cósmico —la oportunidad adicional de conectarnos a *Biná*— que regresa y se revela en este momento para todos los que saben cómo lograr la conexión. Esta ocasión también posibilita la creación de nueva vida en el mundo a través de la fertilización.

Otra leyenda vinculada a la Festividad de *Janucá* es la historia de Hana y sus siete hijos. En *Shaar Hakavanot, Pri Etz Hajaim*, o *Las Puertas de la Meditación —Fruto del Árbol de la Vida*, página 465— el Arí afirmaba que la heroína Hana, que se sacrificó a sí misma y a sus siete hijos por la gloria de Dios, lo hizo por aversión a la cultura griega. Sin embargo, su heroicidad no derivó de factores emocionales, sino del hecho de que se negó a ser sometida a la idolatría griega o al Deseo de Recibir para sí Misma, prefiriendo morir en nombre de Dios. El valor numérico del nombre חַנָּה (Hana) es igual a 63. Además, la combinación כ + חַנָּה forma la palabra חֲנֻכָּה (*Janucá*). Por lo tanto, no es accidental que Hana esté en primer plano, igual que lo estuvo *Matityahu*. El valor numérico del Tetragramatón (el Nombre de Dios que nos conecta con la misericordia) es 26, y por consiguiente expresa el poder encarnado en este nombre. Pero, ¿dónde encontramos esa fuerza? ¿Y cómo podemos conectarnos a ella? La fuerza se revela durante la conexión de *Maljut* a *Zeir Anpín*. Cuando Hana cambió la existencia física del Deseo de Recibir para sí Misma por un concepto natural de compartir, formó la conexión con el Tetragramatón de Dios.

También podemos preguntarnos acerca del origen del nombre *Janucá*. Sabemos que esta pregunta es de gran relevancia, ya que el código bíblico se basa en nombres. Y según el significado de los nombres podemos descifrar el significado kabbalístico de las festividades. ¿Por qué esta festividad se llama חנוכה (*Janucá*)? El nombre es esencialmente una pista, un código para comprender el significado que encarna esta festividad. Cuando realicemos la comunicación cósmica mediante las bendiciones del encendido de velas, el nombre al que nos dirigiremos será חנה, Hana —que responde a *Maljut* o a un Deseo de Recibir, el aspecto femenino— y su conexión con כו (26), que significa *Zeir Anpín*, o un Deseo de Compartir, el aspecto masculino. Ésta es la única forma de conectarnos con el Tetragramatón, cuya esencia representa la característica vital del Deseo de Compartir. Al sustituir el Deseo de Recibir Sólo para sí Mismo por el Deseo de Recibir con el Propósito de Compartir, podemos conectarnos con Júpiter y Sagitario. Sin embargo, para eso también se requieren herramientas adicionales como las bendiciones y meditaciones especiales. Las bendiciones crean canales y las meditaciones hacen que la electricidad fluya a través de ellos, igual que ocurriría en una red de comunicación física. Los cables no son más que el potencial de transmitir información; sólo cuando la red está conectada al suministro de energía mediante transmisores y receptores en sus extremos, puede realizarse el potencial que se halla encarnado en el hardware.

Las meditaciones son importantes porque nos protegen de quedar expuestos al desastre, al sufrimiento y la privación. Éste es el propósito de la oportunidad cósmica de la conexión llamada *Janucá*, palabra compuesta por *Maljut* + *Zeir Anpín*. He aquí, pues, el significado de la historia de Hana y sus siete hijos. Los siete hijos representan las siete *Sefirot* inferiores: los seis niveles de *Zeir Anpín* y *Maljut* (Diagrama 3). En otras palabras, por muy impresionante y emotiva que suene la historia, nunca ha causado que el pueblo Israelita observara adecuadamente la Festividad de *Janucá* ni la comunicación espiritual encarnada en ésta. Por eso el Arí nos lo explicó de esta manera, para impresionarnos con las comunicaciones espirituales que intentaremos establecer en *Janucá*.

Y así se explica la festividad: la conciencia de *Maljut*, que es Deseo de Recibir Sólo para uno Mismo, ha de transformarse en Deseo de Recibir con el Propósito de Compartir mediante la combinación de Hana y יהוה el Tetragramatón. A través de este vínculo conectamos a Júpiter con Sagitario y formamos una entidad uniforme que sirve de canal a través del cual el depósito de energía llamado *Biná* hace que la vida fluya a través de nosotros desde *Zeir Anpín* hasta *Maljut* (Diagrama 3). Relacionemos este proceso con el neutrón, que está compuesto por un protón y un electrón: el Tetragramatón, el aspecto de Compartir, representa al protón; *Maljut*, Hana, el aspecto de

Recibir, representa al electrón. Cuando los dos están conectados, obtenemos la llave que abre la puerta a la reserva de energía llamada *Biná*.

No te estoy abrumando con información sólo para impresionarte o convencerte de que observes esta festividad. No es éste el propósito de la Kabbalah. Exponerte a esta información es esencial por dos razones: primero, porque permite una verdadera libertad de elección; y segundo, porque el conocimiento es la conexión. Así, si una persona elige conectarse en *Janucá*, podrá realizar esta conexión a través del conocimiento. Sabemos esto gracias a la interpretación presentada en el Zóhar en Génesis 4:1: "Y el hombre conoció a Eva su mujer; y ella concibió y dio a luz a Caín". El Zóhar concluye de este versículo que el conocimiento es la conexión, la unión verdadera, y no algo puramente teórico. Cuanto más sepamos, mejor podremos conectarnos con el significado de las velas y con la energía que Júpiter y Sagitario transfieren al mundo.

Las velas que prendemos son otro aspecto importante que debemos comprender si queremos interiorizar el significado de *Janucá*. Pero, ¿qué es una vela en general? ¿Y por qué se utilizan en la mayoría de las técnicas de meditación, así como en celebraciones o acontecimientos de significación especial? Sabemos que una vela puede proporcionar un canal para la transferencia de energía gracias a su estructura interna invisible, que forma una conexión entre *Zeir Anpín* y *Maljut* (Diagrama 3); esto resulta evidente en las dos partes visibles de la llama de la vela, la blanca y la negra, así como en sus dos partes adicionales, similares a un halo e invisibles.

Esencialmente, *Janucá* es una "ronda de recuperación", una última oportunidad para que los rezagados completen la conexión con la fuerza y protección vital que les hace falta para llegar a *Rosh Hashaná* del año siguiente, sanos y salvos. ¿Cómo logramos entonces esta comunicación con la Luz? Al encender las velas de la *Janukiyá*. Nuevamente, esto no tiene nada que ver con la victoria militar ante los griegos. El imperio griego contaba con las fuerzas de la oscuridad, que están conectadas con la conciencia de la ilusión y con el Deseo de Recibir Sólo para uno Mismo. En el momento en que la Luz se revela al mundo, es necesario que la oscuridad desaparezca. Por lo tanto, el milagro de *Janucá* causó la caída de los griegos y la desintegración de su imperio.

En el presente, todo lo que tenemos que hacer para provocar la revelación de ese mismo poder es encender las luces. Sin embargo, para alcanzar realmente este objetivo necesitamos compartir similitud de forma con la Luz. Esto significa que debemos permanecer en un estado de compartir y de atención hacia los demás, ser los iniciadores y no los reactores. Debemos tener el control sobre nuestros espíritus y no ser esclavos de nuestras tendencias y debilidades naturales, que están regidas por los planetas y las constelaciones. Pero todo este proceder es sólo el medio para alcanzar el objetivo: la conexión con la Luz y su revelación. Si observas una vela encendida, verás que al compartirla, al dar de su luz, la llama no disminuye. Si una vela enciende otra vela, la llama original no decrece. Esto no ocurre, por ejemplo, cuando compartimos una porción de torta dividiéndola en dos o un vaso de agua vertiendo la mitad en otro vaso. En general todo lo que se transfiere al segundo elemento lo hace a expensas del primero. Sólo la llama de la vela no está sujeta a esta ley, lo cual refleja la cualidad intrínseca que la vela comparte con la fuerza de la Luz del Creador. Ésta es, por tanto, la conexión que hay entre las velas de la *Janukiyá* y el acontecimiento cósmico que tiene lugar en esta festividad; para conectarnos con la Luz, debemos aprender cómo dar y compartir la llama de la vela. Y éste es el motivo, también, por el cual el recipiente de aceite fue descubierto y la *menorá* fue encendida: para enseñarnos a adoptar una forma semejante a la Luz.

La numerología tiene un gran valor en la Kabbalah. Podría decirse que la *Gematria* —la numerología del alfabeto arameo— es para el kabbalista lo que las matemáticas son para el físico. El valor numérico de la palabra aramea נ ר *ner* (vela) es 250. Y tampoco en este caso la vela obtuvo su nombre por casualidad; muy al contrario, pues el nombre hace alusión a la esencia interna del objeto. Así como 63 es el número mágico de las entidades cósmicas de Júpiter y Sagitario, 250 es el número mágico para las meditaciones en las que prendemos velas.

¿Por qué no se encienden todas las velas de una sola vez? ¿Y por qué Shamai nos instruye que vayamos reduciendo el número de velas en la *Janukiyá* cada día desde 8 hasta 1? Esto puede entenderse mediante el uso de una de las reglas espirituales más importantes, enunciada como "la reciprocidad entre la Luz y la vasija". Esta regla explica que aun cuando espiritualmente las *Sefirot* superiores son vasijas puras —por tener menos Deseo de Recibir y estar más cerca de la Luz— implican una menor revelación de Luz, como los bordes de la vasija. De manera opuesta, la parte inferior de la vasija, que es el nivel más bajo —incluido el nivel de *Maljut*, que forma la base inferior— permite una mayor revelación de Luz en virtud de la refracción de la misma y porque la fuerza de resistencia es más grande, pues es allí donde el Deseo de Recibir es mayor.

Examinemos ahora la controversia entre Shamai y Hilel con respecto al encendido de las velas de la *Janukiyá*. Recordemos que Hilel dijo que debemos comenzar encendiendo una sola vela y terminar con la *Janukiyá* completamente encendida, mientras que Shamai dijo que debemos comenzar encendiendo toda la *Janukiyá* y terminar con una sola vela encendida. Shamai describe las cosas desde el punto de vista de la Era de Acuario; estamos avanzando hacia la conciencia del *Mesías*. Mientras el *Mesías* no se haya revelado en el mundo habrá división, que será reconocible por las llamas de las distintas velas. Después de la revelación del *Mesías* podremos alcanzar la unidad, la cual se expresará con una sola vela. Por su parte, Hilel describe las cosas desde la perspectiva del reino de *Maljut*, anterior a la revelación del *Mesías*. Para él, comenzar encendiendo una vela y terminar con una *Janukiyá* completa representa el camino a seguir hacia la liberación; así, la manera de redimir al mundo es revelar más y más Luz hasta lograr la eliminación total del caos.

A lo largo de la festividad, el universo se impregna de energía vital y todo lo que nosotros tenemos que hacer es conectarnos con ella. Para eso encendemos las velas. Pero no vayan a creer que prender las velas es lo único que hay que hacer; las velas han sido encendidas durante siglos y sin embargo aún no hemos sido testigos de una revelación asombrosa del precepto "ama a tu prójimo como a ti mismo" como resultado directo, ni hemos visto mejoras significativas en nuestra expectativa de vida o en nuestra resistencia a las catástrofes naturales y otros desastres.

Por tanto, para conectarnos con la energía inyectada en el universo en *Janucá* debemos saber dos cosas: en primer lugar, por qué encendemos las velas; y en segundo lugar, cuál es el modo de encenderlas. ¿De qué manera deben prenderse y con qué conciencia? En *Shaar Hakavanot* —o *Las Puertas de la Meditación*— el Arí describe la manera precisa en la que debe usarse el poder del pensamiento mientras encendemos las velas. Si no integramos las meditaciones al acto de encenderlas, no podremos conectarnos con la Luz que se revela en *Janucá*. Aquellos que no conocen la razón por la que enciendan las velas no pueden conectarse a la Luz.

En *Shaar Hakavanot* (volumen 2, página 326, primera columna), el Arí explica la santidad de estos días. Durante la semana, *Maljut* obtiene su Luz desde *Zeir Anpín*, y Jacobo obtiene su Luz de *Nétsaj* y *Jod*, pasando luego la Luz a Raquel. En *Janucá* y *Purim* existe más santidad que en los días comunes, y como resultado Raquel y *Maljut* pueden obtener su Luz directamente de *Jod* en lugar de hacerlo a través de

Jacobo. Esto interrumpe momentáneamente la dependencia de Raquel con respecto a Jacobo, una característica propia de los días ordinarios. Por cierto, en *Shabat*, en las festividades y en cada *Rosh Jódesh* hay más santidad que en *Janucá* y *Purim*. Veamos seguidamente por qué.

En *Pri Etz Jaim*, o *Fruto del Árbol de la Vida* (Parte 2, página 464, capítulo 4, *Shaar Janucá*) el Arí dice:

> "El secreto de los ocho días de *Janucá*;
> *Maljut* recibe la Luz de la misma *Sefirá* de *Jod*, no
> a través de *Zeir Anpín*".

Maljut recibe la Luz a través de la meditación de *Zeir Anpín*, no directamente de *Biná*. Este secreto explica por qué siempre necesitamos un agente mediador, igual que un circuito eléctrico necesita una resistencia. Por eso es imposible conectarnos directamente con la energía "en crudo" de *Biná* (ver Diagrama 3).

El Arí continúa:

> "Durante los días de semana, Jacobo está
> en la *Sefirá Nétsaj* y Raquel está en la *Sefirá Jod*,
> en el aspecto "porque mi gloria se convirtió
> dentro de mí en corrupción"; luego, la *Sefirá
> Nétsaj* fue corregida en el aspecto "Y la victoria de
> Israel no mentirá", ésta es la razón por la que
> *Maljut* recibe de él Luz a través de la *Sefirá Hod*
> hasta *Nétsaj*".

La palabra תִקֵּן *tiken* (corregido) o נִתַקֵּן *nitakén* (fue corregido) indica que la misma *Sefirá* sirve como una fuente disponible de energía para nosotros en *Maljut*.

"Pero durante estos ocho días *Matityahu*, el Sumo Sacerdote, estaba corrigiendo sólo la *Sefirá Hod*. Es por eso que (durante *Janucá*) ella (Raquel, el *Maljut*) está recibiendo Luz de la misma *Sefirá Hod* y no de él (no a través de Jacobo, mediante la *Sefirá Nétsaj*). He aquí la razón por la que decimos "por los milagros" durante la bendición del *Modim* (dar gracias) que representa la *Sefirá Hod*".

Hasta el tiempo de *Matityahu*, nadie sabía que desde el 25° día de *Kislev* hasta el 2° día de *Tevet* nadie podía conectarse directamente a *Hod* sin mediación. El descubrimiento de *Matityahu* de este secreto hizo que la *Sefirá* de *Hod* esté disponible para nosotros en estos días, ya que conocimiento equivale a conexión. ¿Cuál es la relevancia práctica de este descubrimiento? ¿Cuál es el significado de una conexión directa con el poder de *Jod*? Durante estos días de *Janucá* es posible controlar la materia usando el poder del pensamiento. El milagro de *Janucá* es el resultado de esta conexión con *Jod* (ver Diagrama 1).

Las meditaciones para encender velas son la clave para dirigir la conexión con la *Sefirá* de *Jod* y para lograr la habilidad de hacer que ocurran los milagros. Sólo imagina una tienda en la que pudieras comprar la capacidad de hacer milagros, ¿cuántas personas harían fila en la puerta? Si la tienda sólo abriera ocho días al año, ¿cuántas personas estarían dispuestas a esperar en la cola durante todo el año sólo para poder entrar cuando la tienda abriera? La tienda es la *Sefirá* de *Jod*, y *Janucá* es su gran apertura. Éste es el significado de la festividad. Que un puñado de Israelitas derrotara al ejército griego no tiene ninguna importancia en nuestra vida actual y no es una razón para celebrar la festividad. Pero la conexión con la *Sefirá* de *Jod* sí que tiene una relevancia inmediata para nosotros en la actualidad. La razón por la cual en los últimos 2.000 años no han ocurrido milagros cada año en *Janucá* se debe a que las personas no se han conectado con *Jod*, del mismo modo que no han usado las meditaciones para el encendido de velas. El conocimiento es la clave para la conexión con la Luz, y el conocimiento es lo que diferencia la realidad de *oy* y la de *ashrei*, aflicción y mérito respectivamente, que son las dos posibilidades para nuestra existencia en esta Era de Acuario. La diferencia se halla en nuestra conciencia.

El Arí continúa:

"Y así en *Janucá*, la intención del encendido de velas es que uno debe meditar para bajar su mano".

La *Janukiyá* debería estar en un nivel más bajo que la mano de quien lo enciende, de forma que la persona que prende baje sus manos durante el encendido. Precisamente por la misma razón, el *Shamash* debe estar en un nivel más elevado que las otras velas de la *Janukiyá*. Entonces surge la pregunta de cuándo implementar las meditaciones del encendido de velas. La respuesta es simple: al encender el *Shamash*, todas las acciones preliminares pueden ser realizadas con la conciencia de las preparaciones de la festividad, pero estos tres *Yijudim* (unificaciones) deben ser dirigidas sólo después de encender el *Shamash*, mientras se bendice y pronuncia la palabra *lehadlik* (encender). Esta precisión conecta el acto físico e ilusorio de encender el *Shamash* con el acto espiritual y verdadero de atraer la Luz al mundo a través de nosotros. Continuaremos leyendo los escritos del Arí: Una *Menorá Kosher* debe elevarse al menos tres anchos de mano por encima del nivel del suelo, pero no más de diez anchos de mano.

Hemos aprendido de *Las diez emanaciones luminosas* que cuando se lanza una piedra al agua, todo el impacto de la energía se revela en los círculos concéntricos que se expanden, y sin embargo el agua permanece perfectamente quieta en el momento del impacto. En tal sentido, el punto de impacto de nuestra piedra es el encendido de la *Janukiyá*. Para que la energía de las ondas se revele en el reino de las tres *Sefirot* de *Janucá*, la *Janukiyá* debe elevarse a una altura mayor que tres anchos de mano, y el punto de encuentro desde el cual la energía es liberada debe estar arriba y más allá del reino de *Nétsaj*, *Jod* y *Yesod*. Obviamente, este punto debe estar dentro del alcance de las Diez *Sefirot*, y por lo tanto la *Janukiyá* no debe encenderse a una altura mayor que diez anchos de mano.

Otra razón para esto es que *Kéter*, el punto de encuentro, debe estar fuera del alcance de las *klipot*, que están restringidas para el ámbito inferior a *Tiféret* —es decir, el triángulo inferior— y *Maljut*. Por lo general Satán hace acopio de su energía en el punto de encuentro, a no ser que éste se halle fuera de su alcance. Ésta es la razón del dicho: "El pecado espera en cada abertura". La abertura de la casa es la puerta; allí se determina si uno sale o no hacia fuera o si alguien entra o no adentro. Allí es donde Satán espera, y por eso la *Mezuzá* (rollo escrito en arameo) se coloca en la jamba de la puerta y la *Janukiyá* debe estar orientada en esa dirección: para conectarnos de manera espiritual con ese acontecimiento cósmico que se revela en *Biná* de *Nétsaj*, *Jod* y *Yesod*. Sin embargo, todavía ponemos el foco principal, la *Janukiyá*, fuera de alcance por tres anchos de mano, a fin de atraer la Luz de los círculos que se expanden en vez de atraerla de la fuente. Satán busca la Luz de la *Janukiyá*, pero la Luz es en realidad *Kéter* de *Nétsaj*, *Jod* y *Yesod*. De la misma forma que el agua permanece absolutamente quieta en el momento del impacto de la piedra lanzada —dejando de este modo la energía completamente escondida—, cuando la resonancia de la revelación está más allá de su alcance, Satán no puede atraer la Luz para sus necesidades.

De hecho, la Luz potencial se encuentra en los círculos que se expanden, pero para conectarnos con ellos y revelarlos en el mundo de la ilusión es necesario pasar por el proceso de tirar una piedra en un lago, igual que hacemos cuando encendemos una *Janukiyá*. Seguramente estas afirmaciones parecerán heréticas. ¿Cómo puede ser que todo el asunto de encender la *Janukiyá* sea ilusorio y de importancia secundaria cuando hay una *Mishná* (ley) que establece claramente que durante los días del Mesías la existencia de la *Torá* cesará y sólo quedará la Festividad de *Purim*? Por lo tanto, el abordaje referido a la observancia de las *mitzvot* físicas como medio temporal para alcanzar el objetivo de crear una conexión entre los dos mundos está respaldado no sólo por el Zóhar, sino también por el *Talmud*. Probablemente muy pocos cuestionen fuentes tan reconocidas.

Kéter es el punto de impacto: el punto de encuentro con lo incómodo. Por lo tanto, si superamos las barreras, aplicamos la restricción y pasamos a través de la *Sefirá* de *Kéter* sin temor a la incomodidad, seremos capaces de conectarnos con la Luz y continuar desde allí, sin interrupción, hacia el Mundo sin Fin. El primer paso, *Kéter*, es crucial para la perpetuación del proceso, y la predisposición a caminar con él constituye la voluntad de sobrellevar la incomodidad. La expresión física de *Kéter*, en nuestro caso, es la *Janukiyá*. Bajamos la Luz a *Maljut* para luchar la batalla final y decisiva contra Satán. De ahí que esté escrito: "... cuando baja su mano para encender".

Y el Arí continúa: "Esto se debe a que el candelabro está a tres anchos de mano por encima del suelo, representando las *Sefirot* de *Nétsaj*, *Hod* y *Yesod*, que están a tres anchos de mano y por debajo de diez anchos de mano, punto que no se eleva más allá de la cabeza (el límite)". Así continuamos hasta la cabeza, atrayendo la Luz desde *Kéter* y no desde una fuente inferior. Deseamos enfocarnos en el punto de encuentro de la piedra con el agua sólo para atraer luego la energía de las ondas concéntricas que se esparcirán desde ese punto. No tenemos interés en permanecer en el punto de encuentro, pues nada sucede allí. "De esta forma, si uno puso el candelabro dentro de la zona de los diez anchos de mano, realizó la conexión apropiadamente".

Éstas son *Halajot* o leyes universales. Me encanta estudiar las *Halajot* porque es como estudiar las leyes de la física. Mientras vivamos en este mundo, estamos regidos por leyes universales; pero para obedecerlas, debemos primero conocerlas. Ésta es la razón principal de su estudio. Pero tal vez uno debería preguntarse por qué son éstas las leyes y *Halajot*. La respuesta a esta pregunta puede hallarse en la Kabbalah. En el pasaje que acabamos de leer se afirma que aquellos que encienden la *Janukiyá* de la manera mencionada יוֹצֵא, *yotsé* ("salen"); es decir, que consiguen realizar la *mitzvá*. ¿Por qué el autor de *Shulján Aruj* (el Libro de Leyes), Rav Yosef Karo, utiliza la palabra yotsé? ¿Por qué el *Talmud* utiliza exactamente la misma palabra? ¿De qué estamos "saliendo" y dónde estábamos antes de salir? La palabra *yotsé* nos dirige hacia la desviación que se halla más allá de la conciencia de la ilusión y la conexión con el Mundo de la Verdad: la conexión con la Luz. Los autores del *Talmud* sabían esto, y Rav Yosef Karo también lo sabía. Aquellos que no lo saben no pueden salir, a menos que se conecten con esta conciencia en cada *mitzvá* que cumplan.

El mundo de la Ilusión y todos los velos que ocultan la *Torá* desaparecerán cuando alcancemos la conciencia del

Mesías. Todas las *mitzvot* están conectadas con el mundo físico de la ilusión y, por lo tanto, éstas también desaparecerán en los días del Mesías. Pero, ¿desaparecerá también la esencia de la *Torá*? ¿Se extinguirá el alma de la *Torá*? De ninguna manera; por el contrario, sólo la oscuridad desaparecerá. El punto de encuentro se desvanecerá. El agujero negro se esfumará, el mismo agujero negro que aparece cuando hay un cortocircuito, cuando la luz se atrae sin equilibrio y sin fuerza de resistencia. Ésta es la razón por la que un cortocircuito deja hollín en su estela. Y ésta es la fuerza que hizo que la humanidad repitiera el mismo error durante 2.000 años, pese a que sólo les llevaba hacia la desgracia y la catástrofe. Se produce un encuentro, un impacto pero no hay una salida; ésta es la conciencia del agujero negro. En la ausencia de la comprensión verdadera, la observancia técnica de la *mitzvá* no es suficiente para eximirnos de nuestra obligación y no saca a quien la observa de los círculos concéntricos que rodean el punto de impacto. Por lo tanto, no conecta al observador con la Luz y la positividad que pueden ser revelados como resultado de la *mitzvá*.

Pero acaso te hagas esta pregunta: ¿Cómo puede estar uno en *Kéter* y también en *Nétsaj*, *Jod* y *Yesod* al mismo tiempo? La respuesta proviene de otra pregunta: ¿Cuándo se forman las huellas en una playa: cuando caminamos por la arena o el día anterior, cuando planificamos nuestro paseo? El día anterior, por supuesto. Si esto es así, entonces estuvimos allí todo el tiempo, desde el comienzo. Cuando el kabbalista sostiene el fósforo para encender el *Shamash*, quiere abrazar al fósforo. El fósforo representa el momento anterior a la *Sefirá* de *Kéter*, los círculos que rodean el punto de encuentro desde el cual toda la Luz se revela en el periodo subsiguiente. Es como si el kabbalista le dijera al fósforo: "Siempre he estado contigo, pero ahora por fin nos encontramos". En el punto de encuentro, cuando el fósforo enciende la mecha de la vela, en realidad no hay luz, pero es exactamente ahí donde Satán es atraído. En ese preciso momento dejamos los círculos externos y nos conectamos con la Luz verdadera. De manera similar, le damos a Satán el prepucio en cada *Brit Milá* (circuncisión) y la primera rodaja de *jalá* (pan) en cada comida durante *Shabat*. Satán piensa que está en el centro del acontecimiento, cuando de hecho ocurre lo contrario. Satán cae en la misma trampa y comete el mismo error cada vez.

> "Debido a eso (significa debido a las Diez *Sefirot*) reciben el nombre de *mekomá* (el lugar de ella), porque ella está tomando la Luz de las Diez *Sefirot*. Pero por encima de estas diez no debería haber ningún intento por atraer (porque no hay nada por encima del Árbol de la Vida, de las Diez *Sefirot*)".

Es posible ir del mundo de *Asiyá* (acción) al mundo de *Yetsirá* (formación), y es posible pasar de un universo paralelo a otro. Podremos encarnarnos en este o aquel animal, pero en cada mundo y en cada universo sólo hay un marco: el de las Diez *Sefirot*. Nunca hay más, ni menos. Hemos aprendido de la tercera parte de *Las diez emanaciones luminosas* que es mejor estar en el *Maljut* de un mundo superior que en el

Kéter de un mundo inferior. O como dice el dicho: "Es mejor ser cola de león que cabeza de ratón". Ésta es la razón por la que estamos limitados al alcance de las Diez *Sefirot* del Árbol de la Vida y no podemos desviarnos más allá de ellas.

Leemos en los escritos del Arí, *Pri Etz Jaim* (capítulo 4, página 464, *Shaar HaJanucá* (*La puerta de Janucá*)): "Durante *Shabat* ella se eleva hasta su *Kéter* (corona), y entonces su lugar está por todas las diez, entonces ella, llamada 'vela de *Shabat* Shlomo', dice: conforme a la ley universal, cuando encendemos una vela de *Janucá* en la víspera de *Shabat*, debemos hacerlo antes de prender las velas de *Shabat*, porque después de encender éstas, ingresamos en un nuevo marco, que está por encima y más allá del de *Janucá*".

Aunque las velas de *Janucá* atraen la Luz a través de todas las *Sefirot*, las velas de *Shabat* no nos ayudan a ascender a *Kéter*. "Así que si uno no pudiera comprar los dos aceites, el de la vela de *Shabat* y el de la vela de *Janucá*, la vela de *Shabat* tiene prioridad". Aquí el Arí nos da otra lección. Dado que la vela de *Shabat* nos eleva a un nivel superior al de las velas de *Janucá*, ¿por qué no saltamos el nivel inferior de *Janucá* y nos dirigimos directamente al nivel superior de *Shabat*? En ciertas ocasiones nos saltamos partes del servicio de rezos ordinario porque la festividad nos eleva más allá de las secciones sobre las que pasamos. Pero en este caso la situación es diferente. El Arí explica:

"Porque es bueno elevarle lentamente de
abajo hacia arriba y de un nivel al otro, pero si él
ya ha encendido las velas del *Shabat*, como
Shabat ya está arriba, cómo puede uno —Dios no
lo permita— regresarlo a *Nétsaj - Hod - Yesod*".

Tenemos dos cuestiones aquí: en primer lugar, la de
encender una vela de *Janucá* antes que una vela de *Shabat*,
cuyo propósito es elevarnos gradualmente en las *Sefirot* y
conectarnos con todos los aspectos de la Luz que nos son
revelados en el curso de este proceso. La segunda cuestión es
que las velas de *Janucá* no se encienden después de la de
Shabat para evitar que la luz de *Shabat* pase a manos de Satán.
Durante *Kabbalat Shabat* impedimos que las *klipot* se aferren
a la Luz de *Shabat* recitando una sección del Zóhar
titulada בְּגַוְנָא (*Kegavná*). Recitando *Kegavná* bloqueamos
el acceso de las *klipot* a la Luz, regresándolas al suelo y
enterrándolas allí hasta el final de *Shabat*. Esto parece ser una
ilusión, pero dado que el mundo de la ilusión es el ámbito de
la existencia de las *klipot*, éstas están sujetas a la influencia del
rezo, y deben desaparecer del mundo hasta el fin de *Shabat*.
Si las velas de *Janucá* se encienden después que las velas de
Shabat, la Luz de *Shabat* desciende al reino de *Nétsaj*, *Jod* y
Yesod, en el que las *klipot* ya tienen poder; y de esta manera
son —el cielo no lo permita— alimentadas.

Resumiendo, la primera cuestión: si se deben encender
las velas de *Janucá* antes que las de *Shabat*, se considera
opcional. Vale aclarar que no seguir esta pauta no tiene
consecuencias dañinas para el mundo, sino únicamente para

el individuo. De manera similar, cuando una persona consume drogas sólo ella sufre el daño cerebral, no sólo como resultado de su elevación repentina a los mundos superiores sino también como consecuencia de haberse expuesto a toda la Luz que contienen esos mundos, sin preparar primero la vasija y aplicar la fuerza de resistencia. La segunda cuestión: encender una vela de *Janucá* después de la vela de *Shabat*, se considera una prohibición estricta; y aquellos que no la respetan ocasionan un gran daño al mundo entero, no sólo a ellos mismos.

Encender las velas de *Shabat* nos eleva a un reino en el que Satán no existe, por encima de los diez anchos de mano de la *Janukiyá*. Sin embargo, hay una diferencia adicional entre las velas de *Shabat* y las de *Janucá*. Una vela de *Shabat* nos conecta con *Shabat*. Por el contrario, la vela de *Janucá* es el punto de encuentro, el lugar en el que se aplica la fuerza de resistencia, el *Kéter*, el potencial sin el cual no es posible revelar la Luz. Al encender una vela de *Janucá*, creamos un punto focal desde el cual las ondas se expanden hacia fuera, y al hacerlo atraemos a Satán al foco donde en realidad no pasa nada, mientras nosotros seguimos desde allí hacia la periferia y nos conectamos con la energía de los círculos en expansión.

Aquí llegamos a otra ley universal que no tiene otra explicación más que la de la discusión kabbalística que estamos sosteniendo en este momento: "Las velas de *Janucá* están pensadas sólo para ser vistas y no tenemos permiso de usarlas". La *Janukiyá* debe arder durante media hora como mínimo. Durante ese tiempo debemos estar en la habitación junto a ésta, pero no debemos usarla como fuente de luz, calor o para encender ningún otro fuego. Si no hay otra fuente de luz en la habitación, tenemos prohibido sentarnos y leer el diario, un libro o incluso la *Torá* con la luz de las velas. Esta prohibición no se aplica a las velas de *Shabat*, cuya luz puede usarse para otros usos. La razón de la prohibición del uso de las velas de *Janucá* es que *Nétsaj*, *Jod* y *Yesod* están en el reino de la existencia de Satán. Cualquier acto físico y revelación de luz física realizada por la luz de la *Janukiyá* alimenta también las *klipot*; a diferencia de *Shabat*, en este reino Satán está en la habitación con nosotros.

Aquí descubrimos la belleza de la realización del trabajo espiritual. Cuando practicamos las meditaciones adecuadas, no estamos realizando una acción física de la que Satán pueda beneficiarse. Cuando se ponen los *Tefilín* (Filacterias), no ocurre nada porque la acción física no es el punto de encuentro que revela la Luz. Pero mientras colocamos los *Tefilín* y expresamos la intención de que éstas sometan nuestro Deseo de Recibir Sólo para nosotros Mismos —que es el propósito esencial de este acto— tenemos que recitar meditaciones kabbalísticas. La colocación de los *Tefilín* no físicos es el punto de encuentro, pero en esta coyuntura no se trata de algo físico, así que las *klipot* todavía no se han aferrado. Cualquier persona que no recite las meditaciones kabbalísticas y no inicie la conexión de *Zeir Anpín* y *Maljut* se pierde la parte más importante del acto, y por lo tanto permanece por completo en el reino de la ilusión y no logra la comunicación espiritual con la Luz. Conformarse con las acciones físicas no tiene ningún propósito. Cada Israelita sabe que el hombre no es sólo polvo de la tierra sino también el espíritu interior. Es evidente que el espíritu precisa del polvo para eliminar el Pan de la Vergüenza. Sólo al formar la conexión con la espiritualidad y mediante las meditaciones es posible avanzar del mundo de la ilusión al mundo de la verdad, obtener la Luz y cumplir la *mitzvá*.

Antes de encender las velas, debemos meditar primero acerca de ser una sola alma. Al hacer esto somos capaces de lograr el nivel de maestría y conocimiento de un kabbalista, pues esta meditación preliminar nos unifica a todos. Por supuesto, hay quienes dudan de este enfoque de "la mente sobre la materia". Sin embargo, nadie en el mundo actúa sin pensar previamente, y ningún edificio se construye sin que alguien lo haya diseñado primero. Por lo tanto, el principio de pensar antes de actuar, o de la mente sobre la materia, es un principio general que se refleja en todas las áreas de la vida y que no puede ignorarse. Es más, como todos estamos formados por átomos y los átomos que constituyen a un hombre son idénticos a los que forman sus semejantes, tenemos buenas razones para creer que esa unidad es ciertamente posible. También sabemos que el cuerpo físico nos da la ilusión de que somos diferentes entre nosotros. Por todas estas razones, la meditación de la unidad es importante tanto en la práctica como en la realización. Cuantas más personas participen, mayor será el efecto de unidad. Igual que un cable compuesto por muchas fibras, su fuerza no es sólo la suma de la fuerza de las fibras, sino mucho más que eso. Es por ello que realizamos la comunicación mientras meditamos en que somos una sola alma, y la persona que enciende las velas nos dirige a todos.

Debería quedar claro que el asunto de la unidad no contradice el hecho de que ningún ser humano es idéntico a otro. Cada persona viene al mundo para descubrir un aspecto diferente del Creador y para corregir una parte diferente del alma de Adán. Cada una tiene una misión específica en el mundo; pero todos los seres humanos sirven como las células en un solo cuerpo: aunque están separadas y definidas, al mismo tiempo son conscientes las unas de las otras, se apoyan unas a otras y actúan en conjunto en la realización de objetivos comunes en el nivel de los tejidos, de los órganos y de todo el cuerpo. La unidad de la discrepancia es la clave de la salvación.

Las velas de *Shabat* siempre se encienden a la hora del crepúsculo. Esto se debe a un fenómeno que ocurre cuando se pone el sol. Un artículo de la revista *Time* describió una vez un estudio en el que se revelaba que la mayoría de los crímenes se cometen entre las 5 y las 7 de la tarde. ¿Podríamos pensar que la explicación "lógica" de este fenómeno es que hubo una conferencia internacional de ladrones en la que se decidió que la franja horaria entre las 5 y las 7 de la tarde era la más conveniente para el crimen?

El Arí nos ofrece una explicación más profunda de este fenómeno, una que ya existía mucho antes de que se escribiera el artículo de la revista *Time*. Brevemente, el Arí revela que durante esas horas hay cierta actividad cósmica en la que se incrementa la negatividad en el mundo. Por lo tanto, aprendemos que no es posible eludir nuestra responsabilidad sobre todo lo que nos ocurre en la vida. Para conectarnos con la Luz necesitamos superar un aspecto de la oscuridad, aceptar nuestra responsabilidad y actuar de manera proactiva para evitar regresar al problema original de la acumulación del Pan de la Vergüenza. Si todo fuera bueno y fácil, no habría razón para la existencia humana. Obviamente, nuestra existencia se relaciona con el hecho de que cada uno de nosotros tiene una función que cumplir, una contribución específica y definida que hacer al bien común. Sin embargo, este concepto no es evidente. Una contribución a la familia y los amigos es tal vez más fácil de comprender, pero una contribución a toda la humanidad y al universo es más difícil de imaginar.

Es necesario que exista la negatividad en el mundo para que la superemos y al hacerlo eliminemos el Pan de la Vergüenza. Esta negatividad se inyecta en el mundo en cada atardecer. Aquellos que toman cosas que no les pertenecen y no son capaces de restringir esta tendencia pueden caer bajo la influencia de esta negatividad incrementada que tiene lugar en cada atardecer, cerca de la puesta del sol. Dado que la intención de encender las velas de *Janucá* es librar al mundo de la negatividad mediante la revelación de la Luz, realizamos este acto precisamente cuando hay un incremento de la negatividad; es decir, cerca de la puesta de sol. En la noche de *Shabat*, puesto que el encendido de las velas de *Janucá* debe preceder al de las velas de *Shabat*, encendemos la *Janukiyá* un poco antes. No encendemos las velas de *Janucá* durante el día, cuando *Zeir Anpín* gobierna el mundo, ya que en esas horas la negatividad no puede mantenerse erguida y las velas arderían en vano.

El mayor poder descrito en la *Torá* que proporciona la conexión cósmica absoluta para atraer las energías del universo es el del Tetragramatón. Aunque este concepto puede parecer complejo al comienzo, estoy seguro de que si lo analizamos lenta y deliberadamente seremos capaces de comprender el pensamiento que lo sustenta.

El Tetragramatón está básicamente compuesto por cuatro letras arameas: י (*Yud*), ה (*Hei*), ו (*Vav*) y otra ה (*Hei*). La palabra יוד está compuesta por la letra י (*Yud*) y dos letras adicionales: ו (*Vav*) y ד (*Dálet*). El valor numérico de la palabra es 20. La segunda letra, cuando se pronuncia como una palabra, se compone de las letras ה (*Hei*) y י (*Yud*). El valor numérico de la palabra הי es 15. La tercera letra, cuando se pronuncia como una palabra, está compuesta por la letra ו (*Vav*) y las letras י (*Yud*) y nuevamente ו (*Vav*). El valor numérico de la palabra ויו es 22. Por lo tanto, la suma de los valores de las cuatro palabras (*Yud, Hei, Vav, Hei*) es 72. La palabra que describe una letra se llama la "forma completa" (*milui*) de esa letra. Las letras que componen la palabra, sin incluir la primera letra, se denominan "relleno". La forma completa es una especie de expresión extendida de la letra reducida. El valor numérico de la expresión reducida del Tetragramatón es 26. Este nombre no se pronuncia en arameo en voz alta, ni siquiera como un susurro. Si lo hiciéramos, nuestros pensamientos tendrían que ser totalmente puros. De lo contrario, el poder inmenso de este nombre cuando lo pronunciamos podría lastimarnos a causa de la falta de pureza de nuestra vasija y la intensidad de la Luz que pasaría a través de nosotros. Una vez que expandimos el Tetragramatón es como si lo hubiésemos cubierto con un camuflaje, y de esta forma podemos pronunciarlo sin ningún temor.

En *Pri Etz Jaim* (Volumen 2, página 464, segunda columna), el Arí afirma: "Y aquí *Janucá* está sólo en *Nétsaj - Jod - Yesod*". *Janucá* se encuentra únicamente en el marco de referencia del triángulo inferior del Maguén David. No mencionamos estas cuestiones antes porque sin una comprensión básica de las Diez *Sefirot* tales aseveraciones podrían causar frustración; la inhabilidad para descifrar el código entra en conflicto con el Deseo de Recibir Sólo para uno mismo y sólo hace que éste se fortalezca sin equilibrio. Por otro lado, esta revelación permite que quienes están familiarizados con *Nétsaj*, *Jod* y *Yesod* logren una conexión inmediata con la energía de *Janucá*, la cual forma un ciclo de energía que genera satisfacción y realización, además de equilibrar y calmar el Deseo de Recibir Sólo para uno Mismo. *Janucá* está conectada con el triángulo inferior de las Diez *Sefirot*. Después está el triángulo superior: *Jésed*, *Guevurá* y *Tiféret*. Y más allá está el reino de las tres primeras *Sefirot*: el mundo de todo o nada, el reino de *Kéter*, *Jojmá* y *Biná* o *Jojmá*, *Biná* y *Daat*. (Diagrama 3).

Lo mismo vale para las secciones de la *Torá* que no están impresas. De acuerdo con el Zóhar, la impresión es

Maljut, la realización de la información cifrada en la *Torá*, mientras que las secciones vacías contienen toda la energía que está relacionada con las *Sefirot* superiores. Es por ello que se dice que debemos "leer entrelíneas". Ocasionalmente, sin embargo, olvidamos esto y nos concentramos sólo en lo que está escrito. De hecho, hay Luz entre las líneas aún antes de que intentemos conectarnos con ella, de la misma forma que hay luz en una habitación antes de que encendamos la lámpara, pues la Luz está en estado potencial, codificado y oculto. Así, la realización y la revelación del potencial requieren de un pasaje gradual ascendente a través de todas las *Sefirot* hasta *Maljut*.

El Arí afirma que *Janucá* está conectada sólo con las *Sefirot* de *Nétsaj*, *Jod* y *Yesod*. Esto nos dice que la energía de la festividad está más enfocada y disponible para nosotros que la energía de *Kéter*. En *Kéter* la energía se halla en estado potencial, igual que la luz en una habitación oscura. Cuando encendemos la luz, ésta ciertamente se revela, pero su alcance e intensidad quedan restringidos. Por el contrario, cuando la Luz está sólo en estado potencial es ilimitada. Incluso tenemos evidencia tangible y común de este fenómeno: los restaurantes iluminados con velas tienen precios más altos que aquellos iluminados con luces de neón. Menos luz significa más dinero. La luz de la vela deja más lugar a la imaginación. Ésta es una paradoja que se estudia sólo en *Las diez emanaciones luminosas*.

Yesod y *Maljut*, también encarnados en los últimos dos días de *Janucá*, están íntimamente relacionados entre sí, y en

Janucá ambos están también reforzados por el poder de *Rosh Jódesh Tevet* (Capricornio). Durante estos dos días, además del poder que recibimos al encender la *Janukiyá* —y aparte de la conexión con la Luz que realizamos desde el comienzo de la festividad (una conexión que elimina el caos de nuestras vidas) — también se nos otorga un mayor nivel de santidad que se devela en *Rosh Jódesh*. Al caer en los dos últimos días de *Janucá*, *Rosh Jódesh*, junto con las letras del mes, son prueba —una especie de huella digital del Creador— de que no existen las coincidencias. El mundo fue creado a partir de un modelo maravillosamente ordenado y planificado. Con todo el conocimiento que se nos ha revelado acerca del significado completo de *Janucá*, nos estamos acercando al final de la era del caos, tal como predijo Rav Avraham Azulai, y estamos aproximándonos al reino de la mente sobre la materia. Los milagros se volverán la norma y el caos se considerará una excepción, una desviación de la naturaleza perfecta, equilibrada y armoniosa del universo.

Cada día construimos de manera gradual la Luz de los milagros, agregando velas a la *Janukiyá*. Pero el milagro no terminó en el octavo día de *Janucá* en los tiempos de los *Macabim*; todavía está aquí con nosotros. Es como si estuviéramos en la película *En busca del arca perdida*, y llegará el día en que descubriremos el arca en su completitud. El último día de *Janucá* recibe el nombre de זאת חנוכה, *Zot Janucá* ("Esto es *Janucá*"), pues es el momento de conectar, de aprovechar la oportunidad de eliminar el caos de nuestra vida, de darle a la mente control sobre la materia y de realizar un milagro. No tenemos justificación para mirar al cielo y pedirle al Creador que haga un milagro para nosotros, pues el Creador ya respondió a esta súplica hace 3.400 años, cuando le dijo a Moshé: "¿Por qué me clamas a mí?" (Éxodo 14:15). Hemos tenido las herramientas para realizar milagros durante milenios.

Es un gran privilegio estar vivos hoy, cuando todo este conocimiento está siendo expuesto. Sin embargo, también es lógico que uno se pregunte: ¿Por qué yo? ¿Por qué tuve la buena fortuna de alcanzar el conocimiento que permaneció oculto a lo largo de generaciones de Israelitas justos que vivieron antes que yo? ¿Acaso no era Rav Akivá más importante que yo y por tanto más digno de la revelación de este conocimiento? Pero en virtud del trabajo espiritual realizado por Rav Akivá y los hombres justos que lo siguieron, que causaron la acumulación de tanta energía positiva en el universo, nosotros, los hijos humildes de *Maljut*, hemos logrado la revelación y realización de toda esa energía. *Maljut* realiza toda la Luz potencial que se ha acumulado en las *Sefirot* anteriores. Debemos por lo tanto apreciar el enorme privilegio que se nos otorgó de manifestar el concepto de *Bilá Hamavet Lanetzaj* (la muerte desaparecerá para siempre). Gritamos ויתנשא *vayitnasé* (y él se levantará) durante el *Kadish* (nuestro escalón hacia el siguiente nivel durante las conexiones) para no caer en la conciencia robótica en la que tantos caen. Es muy fácil caer en un patrón de rutina de rezo. Debemos continuar introduciendo esta conciencia en el universo hasta que el milagro ocurra. Nadie más lo hará. El poder del Mesías será revelado a través de todos nosotros juntos. Aquel que se considere el Mesías está o estará en camino de ser hospitalizado en una institución mental. ¿Por qué sólo los locos se creen el Mesías? Es porque están constantemente absortos en ellos mismos. Pero el concepto de mesianismo colectivo nos salva de cometer este error. No soy mejor ni más importante que tú. Necesito tu ayuda para traer la salvación al mundo. Sólo se necesita un poco más de Luz para generar la revolución cósmica, y cada uno de nosotros está obligado a hacer su mayor esfuerzo para contribuir a ella y revelar la Luz. Años atrás nadie en el mundo hablaba de la vida eterna, sin embargo hoy el mundo entero habla de ello. En el presente, el materialismo no es sólo el campo de revelación del caos, sino también de la revelación de la mente sobre la materia y de la vida eterna. Para que esto suceda, nuestra conciencia debe estar en el lugar adecuado.

Rosh Jódesh Shevat
(ACUARIO)

Para comprender el mes de *Shevat*, primero debemos entender el significado y la conciencia de la constelación de Acuario y de la Era de Acuario, en la que vivimos actualmente. Rav Isaac Luria —el Arí— afirmó que en su generación, hace 450 años, habíamos ingresado en la etapa final del proceso para lograr la libertad y la liberación. Ahora, en esta generación, tenemos la fortuna de ser testigos de la revelación de todo el conocimiento futuro. Esta generación recibe el nombre de דור דעה *dor deá* (la generación del conocimiento). Esto significa que las personas que viven hoy son la reencarnación de la generación original del conocimiento, la generación que abandonó Egipto. No somos una generación nueva; somos una generación vieja que ha renacido. Tal como afirmó el Rey Salomón: "No hay nada nuevo bajo el sol".

No hace mucho, los astrofísicos nos informaron acerca del descubrimiento de dos planetas nuevos en el sistema solar. Los científicos no crearon esos planetas, sólo identificaron algo que ya estaba presente pero que había pasado inadvertido hasta entonces. Esto es algo característico de la generación del conocimiento, la Era de la Información en la que todo lo que antes estaba oculto ahora será descubierto.

Ahora bien, ¿cómo podemos conectarnos con el conocimiento que todavía está oculto? ¿Cómo podemos ponerlo a nuestra disposición y hacer uso de él para realizar nuestros objetivos? Para lograrlo, deberíamos concentrarnos en un solo propósito, una meta que incluya todos los objetivos posibles en los que alguna vez hayamos pensado e incluso aquellos que nunca hemos siquiera imaginado.

¡Este objetivo único es nada menos que el final del caos! Estamos tan lejos de este concepto que es difícil comprender su significado. ¿Alguien ha experimentado su vida sin caos? Todos hemos experimentado dolor, sufrimiento y muerte en nuestras vidas. Sin embargo, hace 3.400 años, al pie del Monte Sinaí, el final del caos estaba al alcance de nuestras manos. Pero entonces ocurrió el pecado del Becerro de Oro. Nosotros, los de esta generación, somos los mismos que entonces restablecimos el caos en el universo, el mismo grupo de personas cuyos objetivos y aspiraciones permanecieron en la conciencia del Deseo de Recibir Sólo para uno Mismo.

En el tiempo del pecado del Becerro de Oro, sólo las mujeres se rebelaron y se negaron a participar y apoyar su creación. Aquellas mujeres justas han regresado en nuestra generación con el compromiso de continuar la batalla contra el caos, una batalla que comenzaron hace 3.400 años. Ellas son las que están liderando la revolución para reinstaurar una forma de vida sensata en el mundo entero.

Según los kabbalistas, la Era de Acuario tiene un solo significado: la eliminación del caos en el universo. En pocas palabras, éste es el estado llamado Mesías. Las diferentes religiones han expresado distintas opiniones sobre este asunto. Están aquellos que afirman que el Mesías se reveló hace 2.000 años. Otros aseveran que todavía está por llegar, pero que está destinado a aparecer en poco tiempo. Algunas personas esperan que el Mesías descienda sobre ellas desde el cielo, mientras que otros no están siquiera conformes con su inminente llegada. ¿Cómo será todo después de la llegada del Mesías? Todos esperan cambios, sin duda, pero la mayoría no tiene muy claro lo que nos espera. El Arí, sin embargo, dijo muy claro que nada cambiará, a excepción de una cosa: el caos desaparecerá de la faz de la tierra.

¿Quién es el Mesías? El Arí explica que el Mesías es "aquel que guió a los Israelitas fuera de Egipto en contra de la voluntad de ellos". Si los Israelitas hubieran sido realmente infelices en Egipto —si hubieran sido retenidos verdaderamente en contra de su voluntad, como prisioneros en una celda— no habrían sido tan rápidos en pedir a Moshé que los llevara de regreso a Egipto. Esto es algo muy curioso, pues cada año en *Pésaj* celebramos el éxodo de la esclavitud hacia la libertad. Sin embargo, si los Israelitas no eran esclavos en el sentido en que hoy entendemos el término, entonces ¿a qué clase de esclavitud se alude en *Pésaj*? ¿Qué clase de libertad experimentaron? ¿Acaso el pueblo de Israel no deseaba la libertad? ¿Y por qué fue necesario trabajar tanto para sacar a los Israelitas de Egipto? La *Torá* nos dice que cuando Moshé se dirigió a los Israelitas y les dijo que el Creador estaba dispuesto a sacarlos de Egipto, ellos respondieron: No tenemos tiempo para eso.

No es necesario estar en la cárcel para ser un prisionero. El caos es la verdadera prisión. Según el Arí, la palabra "libertad" sólo tiene un significado: la liberación del caos, o *Bila Hamavet Lanétsaj*. Por miles de años, la conciencia negativa ha llevado a la sociedad a creer que la festividad de la Libertad trata sobre la emigración, sobre el éxodo de los Israelitas de Egipto. Esta conciencia ha impedido que las personas descubran el verdadero significado de la noche del *Séder* y del Banquete de *Pésaj*.

El Baal Shem Tov (un Kabbalista mundialmente reconocido del siglo XVIII) cuenta una historia acerca de un rey que contrajo una enfermedad que nadie sabía cómo curar. El rey ofreció una recompensa a quien pudiera curarlo. Aquel que lo lograra tendría acceso al salón del tesoro real durante dos horas y se le permitiría quedarse con todos los tesoros que pudiera reunir en ese tiempo. Un día llegó una persona que consiguió curar al rey. Pero aunque el rey estaba obligado a cumplir con su palabra, quería encontrar la manera de evitar hacerlo. Uno de sus consejeros le contó que el hombre que lo había curado era un ávido amante de la música y que al escuchar el encanto de las notas olvidaba dónde se encontraba y se sentaba a escuchar las mágicas notas, totalmente ajeno a todo lo que le rodeaba. Entonces, en el día designado, el rey llevó una orquesta a la cámara real, y cuando el hombre llegó para recoger su premio, los músicos comenzaron a tocar sus piezas favoritas. El hombre se olvidó de su premio y se sentó a escuchar la música con ostensible placer. Dos horas más tarde la música terminó y el hombre ya no tuvo la oportunidad de entrar en el salón de los tesoros ni siquiera por un segundo. Si hubiera ingresado al salón a pesar de la música, podría haber contratado los servicios de aquella orquesta en su propio hogar por el resto de su vida.

De manera similar, cuando tuvieron la posibilidad de abandonar Egipto, los Israelitas estaban demasiado ocupados con sus asuntos del momento, tal como nos sucede en la actualidad. A veces estamos tan preocupados que no nos detenemos siquiera por un momento para preguntarnos si nuestros esfuerzos pueden prevenir el caos en nuestras vidas. Si no pueden hacerlo, tal vez sería mejor que comenzáramos a realizar acciones que aseguraran nuestra salud y bienestar; sólo entonces deberíamos dedicar nuestro tiempo a las demás ocupaciones. ¿Puede alguien mirarse al espejo y declarar que ha dedicado una porción sustancial de tiempo y esfuerzo a eliminar el caos? Ninguno de nosotros puede hacerlo, por dos motivos: en primer lugar, porque siempre se nos ha enseñado que el caos es una parte inevitable de nuestras vidas; en segundo lugar, porque ignoramos este conocimiento y permitimos que la conciencia de Satán nos anestesie y nos guíe por mal camino. En efecto, durante dos mil años hemos reemplazado momentos cómodos y agradables por momentos significativamente más desagradables; sin embargo, "sabemos" que esta vez será diferente. Como ocurre con todos los trucos de Satán, esta ilusión no tiene una base real. ¿Por qué no dedicamos un poquito de nuestro tiempo a algo realmente importante? ¿Por qué elegimos convertirnos en "adictos a la música"? El Arí responde a esta pregunta: actuamos así porque no estamos conectados con la conciencia de la libertad verdadera.

Si se les pidiera a los pueblos del mundo que describieran sus mayores aspiraciones, muy pocos responderían "liberarnos del caos". El caos se manifiesta en todas las áreas de la vida, pero cuando encaramos un problema, somos pocos los que intentamos abordarlo desde su raíz. Todo el mundo busca una forma de sortear el problema inmediato, pero nadie intenta terminar con el caos. Una solución sintomática, superficial y temporaria, eso es todo lo que nos ofrecen los doctores, científicos y políticos. Ésta ha sido la práctica por muchas generaciones, así como la razón por la que no estamos familiarizados con la libertad verdadera.

El Oponente nos ha colocado dentro de un marco de conciencia que es perfecto desde su punto de vista. Estamos "demasiado ocupados" para considerar cómo podemos eliminar el caos. Por muy simple que pueda sonar esto, si cada uno de nosotros examinara sinceramente su conciencia personal, descubriríamos que no estamos involucrados en ninguna actividad cuyo objetivo sea eliminar el caos de nuestras vidas. Los Israelitas estaban en una situación parecida. Cuando Moshé llegó a ellos y quiso sacarlos de

Egipto, su intención no era sólo la inmigración, ya que dejar una prisión física no constituye una garantía contra el reingreso a esa prisión o a otra. En la vida nos encontramos con una gran variedad de prisiones que parecen hechas a la medida para cada persona.

El concepto del Mesías, así como el entendimiento de dicho concepto, puede conectarnos con el significado de este mes, así como con su poder para terminar con el caos. Cuando Avraham el Patriarca utilizó la constelación de Acuario para indicar el mes de *Shevat*, ¿determinó acto seguido la liberación de los Israelitas del exilio egipcio? Los Israelitas abandonaron Egipto en el mes de *Nisán*. Además, el *Talmud* nos dice que la Redención Final también ocurrirá durante el mes de *Nisán*. Si esto es así, ¿cuál es el significado de la conexión entre Acuario —la constelación de la redención y el Mesías— y el mes de *Shevat*?

Hagamos una pregunta más: ¿Cuándo está destinado a nacer el Mesías? Muchos han perdido sus esperanzas y han dejado de esperar su llegada; otros le esperan conteniendo la respiración; otros han abandonado la idea del Mesías y su creencia en él. Y la mayoría de personas están absortas en sus problemas cotidianos y demasiado ocupadas para ser liberadas, tal como ocurrió 3.400 años atrás. Además, la Kabbalah nos enseña que el concepto mismo de esperar que una persona venga y nos redima es tan erróneo como inútil.

Avraham reveló en el *Libro de la Formación* que el Creador había inyectado al universo conciencia de pensamiento en la forma del mes de *Shevat*, la constelación de Acuario. Esperamos al Mesías, pero aunque aparezca —como Moshé hizo en su tiempo— probablemente estaremos demasiado ocupados como para encontrar tiempo para él. El Arí nos dice que Moshé se revela en cada generación. Él desea eliminar el caos de nuestras vidas, de toda la humanidad y del mundo entero. Intenta ayudarnos, pero no le prestamos atención.

Pero ahora la revolución ya no puede detenerse. Hoy en día millones de personas tienen acceso al conocimiento de la Kabbalah como nunca antes. Por tanto, ya no es posible revertir la situación y encerrar este conocimiento bajo llave. Incluso Rav Shimón nos lo asegura (el Zóhar, Volumen 13, Sección *Nasó*, artículo 103). El Arí también nos advirtió que cuando las noticias fueran públicas y alcanzaran los oídos de los *Erev Rav* —la multitud mixta—, se haría todo lo posible para prevenir la difusión de la Kabbalah al público en general. Pero esta empresa no tendrá éxito, porque hay una multitud de personas que ya están involucradas en el proceso. Millones de personas, de uno u otro modo, ya están estudiando la Kabbalah.

El Arí aclara que cuando estudiamos el nacimiento del Mesías en *Tishá BeAv* (el noveno de *Av*), la cuestión reside en la conciencia de la constelación de Leo, cuyo valor numérico es 216, exactamente el número de letras de los 72 Nombres de Dios. Los 72 Nombres de Dios son la clave y la respuesta a todos los problemas de la humanidad. Es el Mesías que hemos estado esperando pero que ya está aquí. ¡El Mesías ya ha llegado!

El conocimiento de los 72 Nombres de Dios permaneció oculto durante dos mil años. Hasta hace pocos años, sólo un puñado de personas sabía que los 72 Nombres de Dios son el Mesías. Rav Shimón nos dice que si utilizamos este conocimiento, podemos eliminar el caos del universo entero. Moshé, que dividió las aguas del Mar Rojo utilizando los 72 Nombres de Dios, está intentando comunicarnos esto. Él está aquí, pero nosotros somos demasiado impacientes y no tenemos tiempo para escucharlo porque la negatividad nos ha anestesiado durante dos mil años.

¿Cuál es el poder al que podemos conectarnos durante el mes de *Shevat*? Durante años me pregunté cómo sobrevivir cada semana sin extraer el poder necesario de la lectura de la *Torá* en *Shabat*. Sin embargo, aun con este conducto de energía, todavía debemos luchar contra el caos durante la semana. Pero sin la lectura de la *Torá* en *Shabat* no tenemos la oportunidad de liberar nuestras vidas del caos. No obstante, cuando intentamos invitar a amigos a la sinagoga en la mañana de *Shabat*, generalmente escuchamos respuestas como: "estoy durmiendo", "tengo que llevar a mi hijo a un partido de fútbol" o "no tengo tiempo". Aunque sea cierto que tenemos poco tiempo a nuestra disposición, ¿por qué nadie piensa en la cantidad de tiempo que desperdiciamos como resultado de la presencia del caos en nuestras vidas? Incluso una lectura breve de la *Torá* nos puede ahorrar muchas horas invertidas en resolver problemas y reparar cosas durante la semana.

¿Por qué caemos en las excusas patéticas que dejan que el Oponente siga ocupando el trono en nuestras vidas? Sin leer la *Torá* en *Shabat* con la conciencia correcta, nadie tiene posibilidad de eliminar el caos de su vida. Dos mil años de historia prueban esto. En el *Libro de la Formación*, Avraham reveló que una vez al año tenemos la oportunidad de conectarnos con la conciencia que nos llevará a un estado de liberación. Esta conciencia nos dice que no dejemos de buscar, siquiera por un momento, la clave para una vida libre de caos. Pero hasta que no pasemos cada día y cada momento pensando en liberarnos del caos, no lograremos liberarnos a nosotros mismos. Los científicos también están de acuerdo en que no hay nada en el mundo excepto la conciencia y sus manifestaciones. Sólo si logramos la conciencia correcta podremos asegurar el resultado requerido: un mundo libre de caos. Sin esta conciencia no lograremos la libertad, aun cuando vayamos a la sinagoga en *Shabat* y escuchemos la lectura de la *Torá* con regularidad. Sólo si concentramos nuestra conciencia en el objetivo podremos alcanzar y realizar la liberación del caos para el mundo entero.

Pero, ¿de dónde sacaremos el poder necesario para mantener esta conciencia, si somos tan impacientes con nuestros asuntos actuales? ¿Dónde encontraremos el tiempo para contemplar la redención, el Mesías y la liberación del caos? Esta es precisamente la función que cumple el mes de *Shevat*, pues en su transcurso recibimos la fortaleza que necesitamos para mantener esa conciencia cada día del año, a fin de no olvidar en ningún momento nuestro compromiso y nuestra responsabilidad de liberar al universo entero del caos, ahora y para siempre.

Tu Bishvat

(15° DÍA DE ACUARIO)

*T*u *Bishvat* es conocido como el Año Nuevo de los Árboles. ¿Qué debemos saber sobre esta extraña festividad? En *Rosh Hashaná* celebramos el Año Nuevo, momento en que todos los seres humanos son juzgados. ¿Pero qué ocurre exactamente en el Año Nuevo de los Árboles? ¿Acaso los árboles y las flores son juzgados ante el trono de honor? ¿Y qué cosa hicieron o dejaron de hacer en el curso del año que merezca tal juicio? En este día, los tradicionalistas comen manjares elaborados con frutas o plantan nuevos árboles; ese es el propósito principal a los ojos de las personas de todo el mundo que no han estudiado la Kabbalah. No hay rezos, meditaciones, arrepentimiento ni exigencias especiales. Ni siquiera se considera pecado no comer fruta. ¿Por qué entonces hay necesidad de tomar en consideración este día?

Tu Bishvat es el día en que todos los miembros del reino vegetal reciben su porción anual de energía. El Año Nuevo de los Árboles significa que en ese día las plantas nacen y reciben una nueva dosis de vida, igual que los seres humanos en el mes de *Tishrei*. En cada *Rosh Hashaná*, al mundo le son otorgadas porciones anuales de energía gracias a las cuales debe su existencia. Por el mismo motivo por el cual una radio sigue emitiendo sonidos durante unos instantes después de ser apagada, los seres humanos tampoco caen muertos al suelo en el segundo exacto entre que se termina para ellos la energía vital del año anterior y el momento en que reciben la nueva dosis de energía. Sin embargo, esto sí sucede en el nivel espiritual, y desde un punto de vista espiritual todos los árboles mueren y renacen en *Tu Bishvat*. Así, el árbol que para el Año Nuevo no recibe su porción de vida, se marchitará y morirá en el transcurso del año. Y si es una variedad frutal, no dará frutos.

En cuanto a *Tu Bishvat*, el Zóhar nos refiere al *Talmud*, cuyo capítulo respectivo establece cuatro celebraciones de Año Nuevo. Nuestro conocimiento de la Kabbalah nos permite entender inmediatamente que el número cuatro está conectado con *Jojmá, Biná, Zeir Anpín* y *Maljut*, los cuatro niveles encarnados en el Tetragramatón; igual que los cuatro dedos y el pulgar, los cuatro colores del ojo humano y los cuatro reinos de la naturaleza (humano, animal, vegetal e inanimado). Cada reino y cada nivel de conciencia tiene su propio *Rosh Hashaná*. Por supuesto, la lógica de la existencia de más de un *Rosh Hashaná* sólo es comprensible desde la sabiduría kabbalística.

La festividad de *Pésaj* tiene lugar el día 15 de *Nisán*, cuando son juzgadas todas las variedades de grano y trigo. Los animales son juzgados en *Rosh Jódesh Elul*; los seres humanos son juzgados en *Rosh Jódesh Tishrei*; y las diversas clases de plantas, en *Tu Bishvat*. A propósito, en la actualidad es de público conocimiento que la expresión "reino inanimado" está desactualizada y es inexacta. Las rocas y las mesas, que parecen no tener vida, se componen en realidad de átomos que están en continuo movimiento. Es más, el comportamiento subatómico —caracterizado a veces a modo de partículas y a veces a modo de ondas—, así como la estructura del átomo, que es principalmente un espacio sin contenido físico, señalan que los átomos no son más que una vibrante expresión vital de la conciencia de pensamiento. Cuando contamos los años, no sólo especificamos su número ordinal desde el momento de la Creación, sino también la frecuencia de la resonancia que realza y organiza la energía, la conciencia de pensamiento y todos los átomos en el mundo. De manera similar, cuando Betzalel construyó el Arca en el Tabernáculo, lo hizo a partir de mediciones exactas. El valor numérico de esas mediciones tenía la finalidad de determinar la manera en la que el Arca funcionaría y revelaría Luz en el mundo físico. Por lo tanto, así como nadie se refiere a un ingeniero como un "místico", la *Guematria* (numerología kabbalística) tampoco debería considerarse un sistema místico. La *Guematria* es la base cuantitativa sobre la que opera el mundo entero. Los cuatro Años Nuevos están conectados a los cuatro reinos antes mencionados, así como a los cuatro elementos (fuego, agua, aire y tierra) que representan las cuatro cualidades energéticas, los cuatro grados de conciencia interna.

Muchas personas se saludan el primer día de *Tishrei* con el saludo *"Shaná Tová"* ("Feliz Año Nuevo"), como si la diferencia entre el judaísmo y el cristianismo radicara sólo en la fecha en que se celebra el Año Nuevo. Éste es uno de los errores más frecuentes cometidos por aquellos que no han estudiado la Kabbalah. La misma *Torá* estipula que *Tishrei* es el séptimo mes. Pero si es así, ¿cómo puede recaer en *Tishrei* el inicio del Año Nuevo, como el 1 de enero en el calendario gregoriano? Y si nos saludáramos con la expresión *"Shaná Tová"* en el primer día de *Nisán*, ¿se corregiría el error? ¿Acaso el primer día del año tiene sólo un sentido cronológico, como si el calendario hubiera sido determinado muchos años atrás por una persona aleatoria?

El verdadero significado de *Rosh Hashaná* no puede estar relacionado sólo con el comienzo del año. En el calendario kabbalístico, *Rosh Hashaná* se vincula con la energía interna que se revela en esos días en el universo entero. Este día esconde la semilla, el *Kéter*, el potencial de todo lo que está destinado a suceder en el transcurso del año. Y aunque la semilla es pequeña y el árbol es grande, toda persona que ha estudiado la Kabbalah conoce la paradoja de que más es menos y menos es más. Esto significa que hay más poder en la semilla que en el árbol entero, pero el poder de la semilla es potencial, mientras que el poder del árbol es manifiesto. Este principio también se expresa en el átomo, que a pesar de ser la piedra angular más pequeña del universo, también es la fuente de energía más concentrada y poderosa. Asimismo, la semilla contiene todo el crecimiento y el potencial futuro del árbol: todas las ramas, hojas y frutos y todos los árboles que crecerán de la semilla de esos frutos. Por otro lado, cuanta más revelación, menos potencial: el tronco del árbol contiene todo excepto las raíces, la rama no contiene el tronco ni las demás ramas, la hoja no contiene la rama, etc.

Los cuatro Años Nuevos son cuatro manifestaciones diferentes de la Luz del Creador. Hemos mencionado que hay cuatro reinos en el universo. Las plantas son el vínculo entre lo animado y lo inanimado. Cada uno de los cuatro Años Nuevos expresa la idea de que cada año se nos sustenta una porción de energía que dura tan solo un año. Esta porción está dividida en cuatro tipos de conciencia de pensamiento. En cada Año Nuevo recibimos uno de los cuatro niveles y se renueva uno de los cuatro aspectos que componen el mundo.

De esta manera, cada Año Nuevo representa la idea de que en ese momento —en ese día del año— se repone la energía en uno de los cuatro reinos: humano, vegetal, animal o inanimado. Podemos interpretar el proceso de erosión como un ejemplo de muerte en el reino de lo inanimado: las montañas se erosionan y las costas retroceden. Si la causa de la erosión sólo se hallara en las aguas torrenciales, entonces todas las costas y montañas estarían erosionadas en el mismo grado. El hecho de que esto no sea así revela la verdad: el destino de una costa está determinado por la porción de energía que recibe cada año, y las olas del mar sólo ejecutan el veredicto. Si se le otorgara vida a la costa, las olas traerían arena que se depositaría en la playa y de ese modo la costa crecería; si estuviera destinada a la extinción, las olas erosionarían la costa y la destruirían gradualmente. Todas las criaturas agotan la energía vital que les fue asignada, igual que una linterna agota las baterías que la sustentan. Apenas se agota la batería, la linterna se apaga. Esto es aplicable a todas las criaturas de los cuatro reinos. Durante *Tishrei*, por supuesto, no vemos a las personas cayendo muertas en la calle y después regresando a la vida, aunque eso no es evidencia suficiente para declarar que dicha afirmación es falsa.

¿Por qué son juzgados los árboles y las plantas en *Tu Bishvat*, bajo la constelación de Acuario? Como se sabe, los Israelitas fueron liberados de su exilio en Egipto y comenzaron su viaje hacia la Tierra Prometida durante *Nisán*. El *Talmud* y el Zóhar anuncian que la próxima redención —que esta vez será para toda la humanidad— también tendrá lugar durante el mes de *Nisán*.

El mes de *Shevat* está conectado con la constelación de Acuario. Esta conexión fue modelada por Avraham el Patriarca y documentada por primera vez en el *Libro de la formación*. La conciencia del mes se relaciona con el Mesías. La constelación de Acuario está representada por la imagen de una mujer vertiendo agua de una jarra o un cubo. El planeta regente es Saturno. Éstos son los datos básicos relacionados con este mes.

¿Por qué señaló Avraham el mes de *Shevat*, la constelación de Acuario, como el marco en el que la conciencia del Mesías se revelaría en el mundo? La respuesta es que el Mesías que liberará al mundo del caos será en efecto revelado en *Nisán*. Pero Avraham determinó que *Shevat* sería el mes del Mesías porque en este mes todos los que conocen el secreto tienen una oportunidad para conectarse y revelar un Mesías personal, aun cuando el mundo entero permanezca en estado de caos. En otras palabras, si tenemos la habilidad de atraer la energía del mes de *Shevat* en la forma de una conexión perfecta, entonces disfrutaremos de la vida en una nueva realidad, completamente libre del caos del Árbol del Conocimiento del Bien y el Mal.

Retomemos ahora la cuestión de la fecha. ¿Por qué se celebra el Año Nuevo de los Árboles el 15° día de *Shevat*? Según la Kabbalah, el martes es un día positivo. Todo estudiante de Kabbalah sabe que el martes no es únicamente un marco temporal, sino más bien un marco de conciencia de pensamiento. Cada semana en este día la energía de la columna central y la fuerza del equilibrio, la armonía, la vida y la paz se revelan en el mundo. Los martes de cada semana podemos conectarnos con la fuerza que elimina el caos de la vida. Una conexión similar también es posible en la víspera de *Rosh Jódesh* y en el 15° día de cada mes. De ahí que estos sean los dos momentos del mes en los que los justos acuden en nuestra ayuda. Los justos representan a *Zeir Anpín*, por encima y más allá de la ilusión y del caos. La ilusión y el caos no pueden alcanzarnos aquellos días en los que *Maljut* consigue una conexión completa con *Zeir Anpín*: en la Luna

Nueva y en el 15° día del mes. La luna está llena en el 15° día del mes lunar, por lo tanto, en ese día hay una revelación completa de la energía cósmica.

Existe una controversia entre los grandes sabios Hilel y Shamai en cuanto a la fecha del Año Nuevo de los Árboles. Shamai afirma que recae en *Rosh Jódesh Shevat*, mientras que Hilel sostiene que lo hace en el 15° día de *Shevat*. ¿Cuál es la diferencia entre estos dos enfoques? De acuerdo con el Zóhar y el *Talmud*, ambos enfoques son correctos. El *Talmud* afirma: "Unas y otras son las palabras del Dios vivo". Shamai describió la realidad que será conocida después de la llegada del Mesías, mientras que Hilel describió la realidad desde nuestro punto de vista en nuestro camino hacia la redención, antes de la revelación final de la conciencia del Mesías. Después del advenimiento del Mesías será posible conectarnos con el potencial total encarnado en la semilla como si ya hubiera sido revelado. De manera similar, será posible obtener la energía de *Tu Bishvat* en *Rosh Jódesh*, pues esta fecha contiene el potencial de todos los acontecimientos que ocurrirán en el curso del mes.

Ahora bien, mientras el Mesías no se revele en el mundo, es necesario conectar el potencial con *Maljut* como prerrequisito para su revelación. Se trata del mismo motivo por el que la célula espermática necesita del óvulo y por el que una semilla debe ser plantada en la tierra antes que brote; también es la razón por la cual debemos esperar hasta *Tu Bishvat*, cuando la Luna aparece llena desde la perspectiva terrestre. Así es como nos conectamos con la Luz proyectada hacia la Luna desde *Zeir Anpín*. Después del advenimiento del Mesías, todos los seres humanos compartirán una conciencia común. Hasta ese momento, sin embargo, las personas mantendrán su identidad individual y fragmentada, salvo aquellos cuyo único deseo sea el logro de una conciencia humana unificada. Mientras el Mesías no sea revelado, seguirá existiendo en el mundo un efecto de fragmentación y separación, estado que permanecerá hasta que, gracias a la revelación del Mesías, reine la conciencia de unidad. Entre tanto, observamos la ley universal de acuerdo con Hilel. En *Rosh Jódesh Shevat*, la conexión entre *Zeir Anpín* y Maljut es sólo potencial; la expresión física completa se logra en *Tu Bishvat*. Aunque Shamai postula que el Año Nuevo de los Árboles recae en el primer día de *Shevat* y Hilel sostiene que lo hace en el 15° día de *Shevat*, ambos están de acuerdo en la existencia real de esta energía especial en el mes de *Shevat*, la constelación de Acuario.

Hilel y Shamai no discutieron entre ellos, pues comprendían y sabían, en conformidad con el Zóhar, que ambas visiones encarnaban las palabras del Dios vivo. La controversia entre ambos se centraba sólo en la forma de conectarnos con la Luz del Creador y revelarla en el mundo: ¿Deberíamos actuar conforme al estado de cosas en el mundo anterior o en el mundo posterior a la revelación del Mesías? Ésta es también la naturaleza de la controversia respecto de la fecha de celebración del Año Nuevo de los Árboles. *Rosh Jódesh* es, y siempre será, el día más poderoso del mes, pero desde el punto de vista ilusorio de la realidad mundana, en este día *Maljut*, la Luna, está oscura. En el 15° día del mes, la

Luna se presenta llena para el observador terrestre. Puesto que en la era mesiánica el punto de vista terrestre desaparecerá, está escrito que *Sucot* y *Pésaj* —que como sabemos se celebran el 15° día del mes— también desaparecerán. Hasta entonces, según Hilel, debemos referirnos a la ilusión y celebrar el Año Nuevo de los Árboles en *Tu Bishvat*, el 15° día de *Shevat*. Shamai no está en desacuerdo con esto. Tras la revelación del Mesías, celebraremos la festividad el primer día de *Shevat*.

De modo similar a las teorías físicas modernas, el Zóhar explica que Shamai y Hilel están en lo correcto, si bien cada uno desde su punto de vista. En el 15° día la luna está llena. Si preguntamos a un astrónomo sobre el motivo de la apariencia de la Luna, nos dirá que la forma en que vemos algo depende siempre de la ubicación del observador con relación al objeto observado. Así, cuando observamos la Luna desde la posición del Sol, vemos el lado que está totalmente iluminado. Un astronauta que va de camino a la Luna puede verla completa todos los días del mes —independientemente de cómo se la vea desde la Tierra— siempre que esté mirando desde la perspectiva del Sol, en oposición a la cara iluminada. Shamai describe la realidad desde el punto de vista de la Luz y Hilel desde el punto de vista de la Vasija. En el primer día de *Shevat*, la Luna aparece oscura vista desde la Tierra, mientras que desde la perspectiva del Sol brilla en su totalidad, tal como se nos presenta en el 15° día del mes. ¿Quién hubiera imaginado que la Luna llena aparecería más de una vez al mes? Sólo aquellos que se conectan con las autopistas de la información espiritual que contienen todas las respuestas. Sólo aquellos que logran el mismo nivel de conciencia que Shamai y Hilel pueden comenzar a comprender este concepto. A propósito, hoy estamos profundamente impresionados por el Internet, una tecnología que nos conecta con extensas bases de datos de todo el mundo. Pero esta conexión también es una fuente de problemas, pues en la ausencia de herramientas con las que canalizar, organizar, presentar y apreciarlo, este excedente de información puede paralizarnos, entorpeciendo nuestra habilidad para elegir y tomar decisiones informadas. No obstante, en poco tiempo todos estaremos conectados, como Shamai y Hilel, con la Internet espiritual, cuyo poder no tiene comparación con la Internet de hoy.

En *Tu Bishvat* nos damos un festín de manjares de fruta no por seguir la tradición, sino porque al comer la fruta establecemos una conexión física con la conciencia del árbol que se está revelando en el universo. Por supuesto, comer la fruta no basta para formar la conexión con las fuerzas metafísicas. Pero en presencia del conocimiento, que también es metafísico, es posible hacer el cambio y conectarnos con el poder que permite la revelación del Mesías en nuestras vidas y la perpetuación de la certeza y unidad a lo largo de todo el año. La fruta representa un proceso de crecimiento y desarrollo de *Kéter* a *Maljut* en presencia de la restricción. La semilla brota en el suelo, crece constantemente hacia arriba y sólo entonces da fruto. El hombre nace, aplica restricción a lo largo de su vida, se vuelve justo y se conecta con las almas de los justos que se aferran al Árbol de la Vida. No controlamos la vida, sino el poder de la Luz que se encuentra en el reino del Árbol de la Vida. Cuando nos conectamos con este poder, éste nos guía de una manera subconsciente a través de los senderos de la vida y asegura nuestro éxito, salud y longevidad. Sólo el Árbol de la Vida nos da control sobre nuestro destino. En *Tu Bishvat* podemos, pues, conectarnos con la conciencia del Árbol de la Vida, desviarnos del Árbol del Conocimiento del Bien y el Mal y alcanzar la conciencia del Mesías en el nivel individual.

¿Cómo se relaciona el árbol con este mes? Mencionamos anteriormente que las celebraciones de Año Nuevo están conectadas con las letras del Tetragramatón. Entre los cuatro aspectos del Tetragramatón, el árbol está conectado con *Zeir Anpín*. Expresa la renovación de la conciencia de Compartir y es más apropiado para la conexión durante el mes de *Shevat*, ya que la constelación de Acuario también representa un aspecto de nacimiento y renovación del concepto de dar y ocuparnos por los demás. Ésta es la razón por la que en la Era de Acuario, especialmente en la última generación, han aparecido tantos movimientos que fomentan el amor, el interés por los demás y la preocupación por el medio ambiente. Y ésta es, precisamente, la esencia del Mesías, cuya aparición depende de que ésta se convierta en la conciencia dominante en el mundo y derrote el Deseo de Recibir Sólo para uno Mismo. La esencia del árbol representa el reinado del Deseo de Compartir sobre el Deseo de Recibir. Mucho antes de que un árbol muera, éste produce la generación siguiente. Por lo tanto, en contraste con los seres humanos, animales y objetos inanimados, el árbol representa la continuidad eterna y, como tal, nos conecta con el poder de la continuidad, la eternidad y la bendición, todos ellos elementos contrarios al caos.

En *Tu Bishvat* el Árbol recibe la porción de energía que lo reviva y el poder que fortalece su conciencia de Compartir, permitiéndole vencer el Deseo de Recibir Sólo para sí Mismo. Al conectarnos a esta transmisión cósmica de energía, nos conectamos con la conciencia del Mesías y continuamos descubriendo sus efectos en nuestras vidas por los siguientes doce meses. No estamos simplemente especificando aquí otro detalle talmúdico o bíblico; nos referimos a la conexión espiritual que establecemos con el poder que se revela en el universo. El mantenimiento de esta conexión es el único objetivo y propósito por el cual la *Torá* —nuestro anteproyecto cósmico— especifica estas ventanas en el tiempo. Cualquier intento de conectarse con estas transmisiones cósmicas de energía a través de la observancia mecánica de los preceptos y las costumbres, sin comprensión o conciencia, está condenado al fracaso. De acuerdo con el Arí, todo precepto o costumbre que se observa sin comprensión ni conciencia de su esencia interna en realidad no se observa ni se cumple. Sin las meditaciones no es posible descargarse de la obligación.

Así, todos los que celebran *Tu Bishvat* con la conciencia correcta recargan sus baterías con la energía del Mesías por todo un año. Sin esta carga espiritual, podemos esperar ser sometidos al Deseo de Recibir Sólo para nosotros Mismos, la conducta reactiva y el caos. ¿Cómo nos recargamos las baterías? Por medio del banquete, comiendo fruta nueva. Éste es el único requisito, porque hacerlo expresa la realización del potencial encarnado en el árbol. La fruta es el *Maljut* del árbol. La realización del poder oculto en el árbol se logra al comer su fruta y recitar la bendición sobre la fruta del árbol. Cuando hacemos esto en *Tu Bishvat*, causamos la realización de todo el poder revelado en el universo en este día e impregnamos nuestras vidas con él. Durante el banquete, debemos meditar en atraer y compartir esta conciencia con el mundo entero, no sólo con nosotros mismos.

Rosh Jódesh Adar
(PISCIS)

El mes de *Adar* está regido por el signo astrológico de Piscis. El Zóhar nos enseña que *Adar* es importante porque incluye *Purim*, una festividad maravillosa, alegre y realmente eterna. Todas las festividades excepto *Purim* —incluyendo *Rosh Hashaná, Yom Kipur, Sucot, Pésaj* y *Shavuot*— existen de manera temporal y están destinadas a desaparecer en los tiempos de la Redención Final. Tal vez hayamos asumido que *Yom Kipur* es el día más sagrado del año, sin embargo, en verdad *Yom Kipur* es el segundo en importancia después de *Purim*. La elevación espiritual que se logra en *Yom Kipur* sólo es una humilde imitación de lo que ocurre en *Purim*, un evento cósmico que lleva nuestra conciencia —y a través de nosotros la conciencia del mundo entero— a un estado de felicidad pura.

La Kabbalah dice que un mes es importante no porque durante el mismo haya ocurrido un determinado acontecimiento, sino más bien que éste tuvo lugar en un momento específico porque la energía revelada en ese espacio de tiempo igualaba la del acontecimiento y por lo tanto causó que ocurriera. Éste es ciertamente el caso de *Adar* y *Purim*.

¿Cuál es la importancia de *Purim*? Del *Libro de la formación*, revelado a Avraham el Patriarca, aprendemos que tanto *Janucá* (que tiene lugar en el mes de *Kislev* y corresponde al signo astrológico de Sagitario) como *Purim* (que tiene lugar en el mes de *Adar*, bajo el signo de Piscis) están ambos regidos por el planeta Júpiter. La energía de Júpiter conecta con la conciencia de los milagros. Cuando Júpiter fue designado para regir estos meses, se estableció que se convertiría en un canal a través del cual se revelarían los milagros de *Janucá* y *Purim*.

Un milagro es un acontecimiento de naturaleza sobrenatural, algo a lo que aspiramos y por lo cual rezamos en tiempos de crisis. El *Libro de la formación* nos cuenta que Júpiter fue creado con el claro propósito de ayudar y respaldar a la humanidad; sin embargo, este propósito permaneció oculto por miles de años. No fue hasta el siglo XX que Rav Áshlag, quien fundó el Centro de Kabbalah en 1922, facilitó la comprensión necesaria de esta sabiduría cuando puso las herramientas espirituales de la Kabbalah a disposición de todos aquellos que tuvieran el deseo de aprenderlas.

A través de la obra de Rav Áshlag aprendemos que el universo existe por un solo motivo: para ayudarnos en tiempos de necesidad. En el mes de *Adar*, como en el mes de *Kislev*, los milagros de *Janucá* y *Purim* ocurrieron como resultado de la influencia de Júpiter. Los *Macabim* y Mordejai sabían cómo conectarse con esta energía única, cómo atraerla a la tierra y cómo usarla. Al aprovechar este conocimiento, fueron capaces de manifestar milagros al romper las limitaciones de tiempo, espacio y movimiento.

¿Por qué los sabios diferenciaron *Adar* y *Kislev*? ¿Por qué se dice sólo de *Adar* que "una vez que este mes se inicia prevalece la felicidad"? ¿Cuál es la diferencia entre *Adar* y *Kislev*? ¿Y por qué sólo *Purim* permanecerá después de la llegada del Mesías?

Janucá tiene lugar durante el signo astrológico de Sagitario, que está regido por las letras *Sámej* ס y *Guímel* ג. *Guímel* está conectada con *Adar* y *Kislev* porque creó el planeta Júpiter. *Kuf* ק creó el signo de Piscis y *Sámej* ס creó el signo de Sagitario. Ésta es la única diferencia obvia entre los dos meses. Gracias al estudio del poder de las letras arameas del Zóhar, sabemos que la combinación de *Sámej* y *Guímel* está conectada con la emanación de *Biná*. *Biná* se revela en *Yom Kipur*; nuevamente, no porque sea un día sagrado, sino porque la santidad del día resulta de la revelación de *Biná*.

Así como encender una luz en una habitación hace que la oscuridad desaparezca, la revelación de la Luz de *Biná* destierra la incertidumbre. La Luz y la oscuridad no pueden coexistir; ésta es una ley universal. Para la humanidad, la oscuridad representa el caos. Una persona que camina en la oscuridad está en peligro; sin embargo, una vez que la luz aparece, esa persona puede caminar a salvo.

Nuestras vidas existen en dos niveles de realidad paralelos: el físico y el espiritual. La realidad espiritual no puede percibirse a través de los cinco sentidos, pero aun así es real y causa efectos en el mundo físico. Si no nos conectamos con la inteligencia espiritual, estamos "caminando en la oscuridad" sin comprender los sucesos que tienen lugar en nuestras vidas. Sin embargo, una vez que nos conectamos y "encendemos la luz", todo nos es revelado. El siglo XX estuvo repleto de revelaciones de esta naturaleza, más que ningún otro período en la historia. ¿A qué se debió esto? A la tremenda Luz que Rav Áshlag reveló en el mundo al abrir el primer Centro de Kabbalah.

¿Pero adónde va la oscuridad cuando se enciende una luz? ¿Y de dónde regresa cuando la luz se apaga? Éstas pueden parecer preguntas infantiles, pero la respuesta kabbalística es extremadamente importante. El Zóhar nos dice que la oscuridad no es sólo ausencia de luz, tal como afirman los físicos. La oscuridad es una expresión física del lado negativo, único responsable de todas las expresiones de caos en el mundo, incluida la muerte. Es verdad que esporádicamente podemos revelar la Luz y posponer el caos, pero al final, tarde o temprano, el caos reaparece y ocurre la muerte. Este es el motivo por el cual hasta hoy no hemos conocido a ningún inmortal. Aun cuando revelamos la Luz en la dimensión física, la energía negativa se escapa hacia una dimensión diferente, pero no deja de existir.

Cuando llega *Adar*, sin embargo, se revela la influencia de *Kuf* ק, la única letra que se extiende por debajo de la línea. Con respecto a este asunto, el Zóhar explica que la letra *Kuf* habita en ambos mundos: el positivo y el negativo, la vida y la muerte. De no tener alimento, el Oponente habría perecido hace mucho tiempo, pero la letra *Kuf* lo alimenta con la energía espiritual necesaria para su subsistencia, transfiriendo energía del mundo de la vida y el orden hacia el de la muerte y el caos. En *Janucá* se libró una batalla entre los griegos y los *Macabim* que resultó en la victoria de los Macabim. Pero en *Purim* no hay ni hubo batalla ni actividad armada que llevara a la caída de Hamán.

En *Janucá* fue necesaria la fuerza física, pero no en *Purim*. Por este motivo, *Purim* es una festividad "libre", sin ninguna restricción. Por lo tanto, debería ser sencillo celebrarla. No obstante, a excepción de los desfiles y las fiestas de disfraces de los niños, la mayoría de la gente hace muy poco esfuerzo por conectarse con la energía de *Purim*. En efecto, éste es un truco que el lado negativo utiliza para distraernos del contenido real de la festividad, que es la esencia de la inmortalidad.

El hecho es que *Purim* es más importante que todas las demás festividades juntas. Durante dos mil años las personas han leído en el Zóhar y en el *Talmud* que *Yom Kipur* es secundario en importancia respecto a *Purim*, sin embargo nadie se preocupa por comprender el tesoro enterrado en esta festividad. Cuando una persona ayuna y reza, no hace nada para eliminar la influencia negativa de su vida; sólo está expresando una forma de arrepentimiento y una súplica del perdón por sus acciones pasadas, pero sin prometer nada para el futuro. *Yom Kipur* prolonga nuestra permanencia en este mundo por otro año, pero no puede prometernos un año feliz. De hecho, podemos enfrentar otro año en la cárcel o un año marcado por la enfermedad, el sufrimiento y el caos. *Purim*, por lo tanto, es un acontecimiento completamente singular.

El mes de *Adar* nos permite conectarnos con una energía asombrosa y especial que nos ayuda a crear milagros. Todo aquel que necesita un milagro en su vida debería conectarse con la energía correcta según su necesidad. Los milagros se revelan en nuestro mundo a través de diversas energías, cada una de las cuales se correlaciona con la manifestación de tareas diferentes. A la orilla del Mar Rojo, el Creador le dijo a Moshé: "¿Por qué sigues clamando a mí? Manda a los hijos de Israel que se pongan en marcha".

El mensaje era este: tienes toda la información que necesitas; recibiste los 72 Nombres de Dios, úsalos de la manera correcta —conéctate a través de ellos con las energías correctas— y crea cualquier milagro que necesites en tu vida. Al utilizar la conexión correcta, podemos llegar a ser conductos a través de los cuales la Luz del Creador puede fluir, revelarse y crear los cambios necesarios. Por lo tanto, debemos enfocar nuestra atención en nosotros mismos abriendo los canales y conectándonos con las energías correctas que fluirán a través de nosotros hacia el mundo. Y no olvidemos nunca estas palabras: "¿Por qué sigues clamando a mí?" (Éxodo 14:15, sección *Beshalaj*).

Durante los últimos 3.400 años hemos olvidado que tenemos la llave para controlar el mundo físico. Pero llegó el momento de recordar y de recuperarla. Si miramos hacia atrás en nuestras vidas, descubriremos que nunca hemos controlado los acontecimientos más importantes que hemos presenciado y nunca hemos resuelto qué camino tomar en las encrucijadas más importantes, aun cuando nuestro ego niegue absolutamente que esto haya sido así. Pero el ego es el encargado de hacernos fracasar y de alejar nuestra conciencia de la verdad, tarea que cumple en su calidad de sirviente del Oponente. Por ello, mientras nos aferremos a la idea de que tenemos el control, nunca obtendremos el verdadero dominio sobre nuestras vidas.

En el mes de *Adar* se nos brinda la oportunidad única de cambiar esta situación utilizando la energía de la letra *Kuf* para destruir completamente y para siempre el lado negativo. Por su parte, el Oponente utilizará nuestro ego para susurrarnos al oído: "¡No lo creas! No puedes eliminar el caos con sólo una letra del alfabeto. Sé racional, persevera en el dolor y el sufrimiento que conoces tan bien".

Sin embargo, *Kuf* no es una letra común; es una letra aramea que está compuesta por la conciencia derivada de una energía especial que también creó el signo astrológico de Piscis. Cualquier físico te dirá que la materia no consiste sólo en objetos inanimados, sino en objetos que están llenos de energía; objetos que se expresan a través de cambios permanentes y vibraciones constantes.

Tal vez nadie crea que una letra pueda crear planetas, pero todo el mundo sabe que el ADN tiene la facultad de crear organismos vivientes y determinar sus características. De la misma forma que los planetas son significativamente más grandes que las letras que los crearon, el cuerpo humano es mucho más grande que el ADN que llevó a su creación.

Por lo tanto, menos es más y más es menos. A lo largo de toda nuestra vida la negatividad nos ha programado para limitar nuestros pensamientos a la dimensión física. Pero la solución al caos no se halla en el mundo físico, sino en la manifestación del conocimiento kabbalístico con el cual podemos controlar el mundo espiritual, es decir, el mundo verdadero del que deriva todo lo que existe en el mundo físico. Las letras arameas son la clave para lograr esto. El arameo es el lenguaje del universo, el lenguaje que se utilizó para escribir el código según el cual se creó el universo entero. La letra *Kuf* esconde en su interior la energía de pensamiento inteligente que creó el signo de Piscis.

La Luz del Creador no se mide en términos físicos, por eso una letra pequeña como *Kuf* puede contener en su interior la información y la energía inteligente a partir de la cual se creó una enorme constelación de estrellas tal como el

signo astrológico de Piscis. Éste es el poder secreto de *Purim*.
Durante el mes de *Adar* se revela una fuerza que hace posible
la realización de acontecimientos realmente milagrosos.
Esta realidad es hoy más importante que nunca. Nos
aproximamos a descubrimientos tecnológicos que manifestarán
la inmortalidad y otras transformaciones tan portentosas que
ni siquiera podemos imaginarlas. Y todo esto será posible
sólo gracias a la Luz revelada por el estudio de la Kabbalah
en el mundo entero. Recordémoslo durante el mes de *Adar*,
y obtengamos de ello el máximo provecho.

El séptimo día de Adar
EL ANIVERSARIO
DE LA MUERTE
DE MOSHÉ

*E*l Zóhar nos dice que una persona justa o un kabbalista elige el día en el que abandonará este mundo. En el día de la partida, toda la Luz que la persona justa reveló a lo largo de su vida se revela nuevamente pero de manera concentrada. Todo esto está descrito en detalle con respecto a Rav Shimón bar Yojái, quien no sólo eligió el día en el que dejaría el mundo, sino que también eligió regresar y revelarse cada año en la misma fecha. Con base en todo esto, consideramos el aniversario de la muerte de Rav Shimón como una ocasión feliz. Sin embargo, a la mayoría de la gente —a excepción de aquellos que estudian la Kabbalah— le resulta difícil aceptar la idea de que el aniversario de la muerte de una persona amada no es un acontecimiento triste y doloroso. Por eso la Kabbalah nos permite celebrar en el séptimo día de *Adar* el aniversario de la partida de Moshé de este mundo. Sentimos la presencia de Moshé y expresamos ese sentimiento con felicidad.

Para conectarnos con la energía especial disponible en
el aniversario de la muerte de Moshé, leemos de la sección de
Trumá del Zóhar, un pasaje que plantea esta cuestión. Moshé
partió de este mundo en el séptimo día de *Adar*, que cae cerca
de la semana en la que se lee la sección de *Trumá*. Es
importante notar que Rav Shimón compuso el Zóhar
conforme al orden cronológico de la *Torá* con el fin de
revelar la *Torá* como un manual práctico para comprender
nuestro auténtico propósito en el mundo.

Vivimos en un mundo moderno en el que cada
producto viene con su respectivo manual del usuario. Si
tengo un problema con mi PC, puedo hojear el manual y
encontrar la solución. De manera similar, si tengo un
problema en otras áreas de mi vida debería buscar la
respuesta en *Los cinco libros de Moshé*. Allí encontraré las
soluciones para todos los problemas de la vida. Esto puede
parecer extraño a aquellos que no están familiarizados con la
Kabbalah y quizá piensen que la *Torá* aborda una forma de
vida que ha dejado de existir durante miles de años. De
hecho, la *Torá* parece un libro de historia, poemas y
conjuntos de leyes y reglas éticas con comentarios religiosos
ocasionales. Entonces, ¿cómo puede la *Torá* ser un manual
práctico del usuario? La respuesta es sencilla: porque la *Torá*
es un documento codificado cuya información oculta debe
ser descifrada, y la clave del código es el Zóhar.

Por consiguiente, sin la Kabbalah y sin el Zóhar no hay
posibilidad de comprender la *Torá*; sólo el Zóhar puede
iluminar el significado oculto de la *Torá*. La siguiente

comparación será muy útil para entender esto. La *Torá* es como una señal en una autopista de noche, un cartel indicador que describe exactamente dónde debes girar. Pero sin los faros de tu automóvil (el *Zóhar*) no podrías ver la señal y la pasarías por alto sin advertir en ella. Es exactamente esto lo que pasa en la vida: sin la *Torá*, y sin el *Zóhar* para iluminar su sentido, nunca podremos alcanzar nuestro verdadero destino en la vida.

Con esto en mente, retomemos ahora la cuestión del aniversario de la muerte de Moshé. "Y aprendimos, dijo Rav Shimón, que Moshé no murió", declara el *Zóhar* (sección de *Trumá*, página 291, artículo 888). Aquí parecería haber una contradicción entre el *Zóhar* y la clara afirmación que aparece en el Libro del Deuteronomio con respecto a la muerte de Moshé. De hecho, Rav Shimón pregunta cómo es posible declarar que Moshé no murió cuando la *Torá* afirma precisamente lo contrario. En este punto, Rav Shimón pregunta: "¿Qué es la muerte?"; y responde que la muerte es sólo una ilusión que parece real desde nuestra perspectiva limitada, "pero desde la perspectiva superior, es lo opuesto. Moshé recibió más vida", señala. La vitalidad de Moshé creció en comparación con lo que era en el cuerpo físico. *Milagros, misterios y oración*, un libro publicado por el Centro de la Kabbalah, incluye una explicación detallada de este concepto.

El *Zóhar* afirma que una vez que una persona justa traspasa la puerta hacia el más allá, se enfrenta a la revelación de que la muerte es una mera ilusión. A menos que uno muera, no hay otra forma de experimentar realmente esta verdad. La muerte es la única abertura a través de la cual podemos descubrir la verdad sobre la muerte. He aquí la respuesta a la aparente contradicción entre el Zóhar y la *Biblia*. Ante los ojos de los Israelitas, Moshé murió; desapareció de su vista. Pero para él mismo, Moshé todavía existe, libre de las limitaciones del cuerpo físico. La muerte es una función de la conciencia: si reaccionamos sólo ante lo que vemos con nuestros ojos, entonces todos los que han fallecido ya no están; pero si vemos más allá de nuestros sentidos físicos, nuestra comprensión es infinitamente más profunda.

Para el kabbalista, Moshé está vivo. El kabbalista puede conectarse con la energía pura de Moshé, liberada del cuerpo físico, como un canal por el que desciende la Luz del Creador. Pero esto es posible siempre y cuando nuestra conciencia esté de acuerdo con la idea de que Moshé sigue viviendo después de su muerte. En ausencia de este saber, somos como los Israelitas en los tiempos del Becerro de Oro. Los Israelitas sintieron la necesidad de construir el Becerro de Oro porque se habían desconectado de Moshé al asumir que él había muerto y que no sería capaz de canalizar la Luz para ellos. Sintieron la necesidad de crear un canal de comunicación alternativo. De hecho, crearon un becerro viviente hecho de oro; no se trataba de una simple estatua, pues poseían la capacidad de dominar la materia con sus mentes. Recibieron este poder de Moshé en el Monte Sinaí, pero olvidaron que como resultado de la revelación del Monte Sinaí la muerte había sido eliminada para siempre, y por lo tanto, Moshé no podría haber muerto.

Moshé está presente con nosotros ahora, y nos llama a obtener el control sobre nuestras vidas.

No es necesario orar a un Dios externo; cada uno de nosotros es un canal para revelar la fuerza de la Luz en el mundo. Si llegamos a ser canales puros, manifestaremos la capacidad de Dios de crear milagros en nuestras vidas. De esta manera el Zóhar revela que fueron los Israelitas, y no el Creador, quienes produjeron el milagro de la división de las aguas del Mar Rojo. Esta sabiduría ha permanecido oculta durante 3.400 años, pero en la Era de Acuario ha llegado el momento de revelarla. Hoy sabemos cómo conectarnos con la conciencia de Moshé. Moshé quiere estar con nosotros, aquí y ahora. Aceptemos la idea de que está vivo, y como resultado todos seremos merecedores de más vida.

Purim

¿Qué es lo singular de la festividad de *Purim*? Tanto *Janucá* —que transcurre en *Kislev*, el mes del signo astrológico de Sagitario— como *Purim* —que cae en *Adar*, el mes de Piscis— están regidas por Júpiter, cuyo código genético conecta a este planeta con la conciencia de los milagros. Cuando este planeta fue designado para regir los meses de *Kislev* y *Adar*, se estableció que Júpiter se convertiría en un canal para revelar los milagros de *Janucá* y *Purim*.

En el *Libro de la Formación*, Avraham el Patriarca relacionó el mes de *Adar* con el signo astrológico de Piscis. La palabra aramea *Adar* significa "especial" o "inusual". ¿Cuál es la causa de la singularidad de este mes y cómo se relaciona con el signo de Piscis?

Purim conmemora con felicidad la caída de Hamán. En *Janucá* celebramos un acontecimiento similar: la victoria de los *Macabim* ante los griegos; sin embargo, no decimos: "Cuando llega *Kislev* somos felices". Por lo tanto, debe haber otra explicación.

Para encontrarla, debemos referirnos a la conexión conocida como *Aná Bejóaj*. A decir verdad, pocos saben de la existencia de esta plegaria, y aun menos personas conocen su significado. Esta conexión, que se compone de 42 palabras — siete versos de seis palabras cada uno—, describe la creación del universo y todo lo que ocurre dentro de él. Esta información está contenida específicamente en las primeras letras de cada palabra, que conforman una secuencia de 42 letras arameas. Toda la Creación —las estrellas y los signos astrológicos, todo lo que encontramos cada día— se expresa en esta sola plegaria, específicamente en esas 42 letras. Las siete estrellas que influyen en nuestra vida diaria están conectadas con los siete versos de *Aná Bejóaj*. El segundo verso de esta plegaria se refiere a Júpiter, planeta que rige el mes de *Adar*.

Este segundo verso contiene un secreto: su cadena de letras deletrea las palabras *Krá Satán* קְרַע שָׂטָן (liberarse de Satán). Es aconsejable que todos aprendamos esta cadena de memoria. Las seis letras que deletrean *Krá Satán* están conectadas con el mes de *Adar*, tal como describió Avraham el Patriarca. Sólo mediante esta combinación de letras podremos aspirar a obtener el control sobre nuestras vidas. Sin embargo, la combinación funciona sólo durante los meses de *Adar* y *Kislev*, que están regidos por Júpiter. Esta revelación comienza en la víspera del primer día de *Adar* (*Erev Rosh Jódesh Adar*) y constituye el nivel germinal, que es el aspecto más fuerte de cualquier proceso.

En el mes de *Adar* tenemos la oportunidad de salir del caos que caracteriza nuestro presente y reemplazarlo por el control, que en la Kabbalah significa la eliminación completa del caos de nuestras vidas. Significa controlar nuestro destino de tal manera que llenemos nuestras vidas de felicidad y salud, en lugar de tristeza y dolor.

Históricamente, en *Janucá* y *Purim* un grupo reducido de personas se enfrentaron a un gran imperio y vencieron. En *Purim*, los Israelitas estaban destinados a ser destruidos por Hamán —el segundo al mando del Rey Ajashverosh, en Persia—, pero al final fueron ellos los que acabaron con él. Sin embargo, es importante notar que esta victoria no tuvo lugar porque el enemigo fuera atacado y derrotado por un ejército. Según enseña la Kabbalah, el enemigo real sólo es la conciencia. Tal como sucedió en la guerra contra los griegos en *Janucá*, el resultado no se decidió en el campo de batalla, sino que la guerra se libró contra la conciencia negativa, contra el Deseo de Recibir Sólo para uno Mismo.

Hamán fue derrotado porque su conciencia fue derrotada. ¿Cómo fue esto posible? La Kabbalah enseña que en *Purim* se utilizó con éxito una estrategia particular de batalla contra la causa originaria del caos; es decir, contra aquello que ocasiona todas las enfermedades físicas y espirituales, lo que genera la destrucción de matrimonios y los fracasos en los negocios. Ésta es la madre de todas las guerras: la guerra de Armagedón entre la conciencia de la Luz y el Deseo de Recibir Sólo para uno Mismo. La Kabbalah asegura que en la Era de Acuario habrá una guerra de conciencias, porque es en esta Era cuando comprenderemos que debemos atacar el caos de raíz, desde la fuente que lo origina: el Deseo de Recibir Sólo para uno Mismo.

¿Es realmente posible llegar a la realización plena y terminar con todo el dolor y el sufrimiento? Existen muchas maneras superficiales de proporcionarnos felicidad, pero sólo basta que el gerente del banco nos llame y nos informe que tenemos problemas de liquidez para que toda esa felicidad desaparezca. ¿Cómo podemos impedir esta clase de llamadas telefónicas? ¿Cómo podemos evitar la tristeza, la carencia y el dolor en nuestras vidas? ¿Cómo podemos fortalecer las gotas de felicidad esparcidas a lo largo de nuestra existencia y transformarlas en nuestro estado predominante y continuo? Sólo a través de *Krá Satán* en el mes de *Adar*.

Aunque *Janucá* y *Purim* ocurren bajo las mismas influencias astrológicas, hay una diferencia importante entre ambas festividades. Mientras que en *Janucá* el milagro fue creado por un grupo reducido de personas y las multitudes no participaron, en *Purim* —en el mes de *Adar*— todos los Israelitas participaron del ayuno, tal como pidió Ester, y también del viaje exitoso que ocasionó la anulación de la conciencia de Hamán.

Está escrito que cuando Mordejai regresó de Jerusalén trajo consigo el conocimiento de la Kabbalah: todas las combinaciones de letras y todos los nombres sagrados, el sistema mediante el cual podemos destruir la conciencia negativa. Mordejai y Ester, con la cooperación de todos los Israelitas, borraron la conciencia negativa de las mentes de las personas. Sólo de esta forma fueron capaces de derrotar al enemigo. Sólo de esta forma pudieron derrotar a Hamán y todo lo que él representaba. Por ello, tanto el *Talmud* como el Zóhar afirman que en los tiempos del Mesías la única festividad que celebraremos será *Purim*. Al manifestar la energía de *Krá Satán* en el mes de *Adar*, tenemos la oportunidad de establecer el poder de la inmortalidad y conectarnos con la energía del Mesías.

El *Shabat* previo a *Purim* tiene un aspecto oculto. La mayoría de las personas no está al tanto de esto o no le da demasiada importancia. Nos referimos a la lectura de la sección de *Zajor* que se agrega a la lectura habitual. Hay algo especial en esta lectura, y se nos enseña que es importante que las mujeres y los niños participen y escuchen. Vale destacar que no se dice esto acerca de ninguna otra lectura de la *Torá*.

Aprendemos de la Kabbalah que las mujeres tienen más energía positiva que los hombres. Sólo las mujeres, por ejemplo, tienen la suficiente energía positiva para dar a luz un bebé, lo que les da la capacidad de conectarse con la sección de *Zajor* que es inmensamente positiva en comparación con todas las demás secciones de la *Torá*. Se trata de la historia de *Amalek*, nuestro antídoto contra la duda. Escuchando esta lectura, activamos la certeza en nuestra batalla para eliminar la duda. ¿Cuál es la fuente de este poder y cuál es su conexión con la festividad de *Purim*?

La sección de *Zajor* aparece en la *Torá* al final de otras dos secciones: *Beshalaj* y *Ki Tavó*. En la sección de *Beshalaj* aparece el secreto del extraordinario poder de los 72 Nombres de Dios y el milagro de la división de las aguas del Mar Rojo. Después de presenciar esos milagros, la mayoría de las personas quedaría convencida de que puede confiar en el Creador. Los 72 Nombres de Dios, al conectarnos con la fuente de energía del universo, nos permiten conseguirlo todo. Pero como los Israelitas en el desierto de Sinaí no practicaron la restricción, cayeron del mundo verdadero que habían alcanzado con la división del Mar Rojo, al mundo de la incertidumbre. En el mundo físico, en la conciencia ilusoria de la incertidumbre, no podemos conectarnos con el presente porque siempre estamos ansiosos acerca del futuro desconocido. El miedo es la atadura que nos sujeta a la ilusión del futuro y nos desconecta del presente. Si lográramos conectarnos de un modo auténtico con el presente, no tendríamos dudas sobre el futuro, ya que conforme a la ley de causa y efecto el presente dicta el futuro.

Los frutos del Árbol del Conocimiento del Bien y del Mal representan la conciencia ilusoria. La serpiente no hizo más que plantar la semilla de la duda en Eva y convencerla de intercambiar la conciencia de la realidad espiritual verdadera por la conciencia ilusoria del mundo físico. Eva eligió el mundo físico y su conciencia hizo de esa elección una realidad.

Al no practicar la restricción, los Israelitas regresaron a la incertidumbre, la ilusión y la duda. ¿Cuál es la relación entre todo esto y *Purim*? ¿Por qué la lectura de la sección *Zajor* es una condición para lograr una conexión espiritual exitosa en *Purim*? ¿Qué fuerza espiritual se revela en el universo durante esta festividad?

En *Purim* leemos el *Libro de Ester* (*Meguilat Ester*). Ya en estas palabras arameas hay una contradicción: en arameo *Meguilá* implica "revelación", y Ester es otra forma de decir "encubrimiento". La revelación del encubrimiento, por tanto, es la conciencia de *Purim*. La Luz de *Jojmá*, que se oculta de nosotros durante el resto del año, se revela finalmente en *Purim* y su revelación elimina la duda, el caos y cualquier manifestación de energía negativa en el universo entero. Cuando Mordejai y Ester, junto con los Israelitas del pueblo de Shushan, se conectaron con este poder 2.800 años atrás, crearon el milagro de *Purim*.

En consecuencia, celebramos *Purim* no porque deseemos conmemorar la victoria sobre Hamán, sino por la energía que creó el milagro de *Purim*. En el 13º día de *Adar*, recibimos certeza y bendición inmediatas, aun más que las recibidas en *Yom Kipur*. De hecho, durante el mes de *Tishrei* necesitamos transitar un proceso completo que termina en *Sucot*. En *Purim* la revelación de Luz es inmediata, pues tiene lugar un evento cósmico especial que permite que se produzca dicha revelación.

La importancia de *Purim* y la causa de la enorme revelación de Luz que tiene lugar en esta festividad están conectadas con la revelación inmediata de lo oculto con el *Libro de Ester* y crea una conexión con el mundo verdadero, asegurando la total realización de todas nuestras necesidades presentes y la certeza sobre el futuro.

La Kabbalah nos dice que al eliminar la duda y la incertidumbre podemos desterrar el caos del mundo. Y esto es precisamente lo que ocurre en *Purim*. La eliminación del velo de la emanación de *Jojmá* permite que nos conectemos inmediatamente con la Luz y con toda la abundancia que ésta trae. En los tiempos del Mesías, todas las festividades serán canceladas excepto *Purim*, pues la palabra *Mesías* significa la eliminación total del caos, la anulación de la "Ley de Murphy", la anulación de la segunda ley de la termodinámica y del principio de la incertidumbre, y el reemplazo de todo esto por la certeza total y completa. La carencia sólo puede existir allí donde hay incertidumbre. Por lo tanto, la resurrección de los muertos en los días del Mesías no es un acontecimiento revolucionario, sino un resultado lógico de la cancelación de la ilusión de la muerte.

¿Qué permitió a los Israelitas de Shushan, que eran personas simples, conectarse con el mundo de la verdad? Este milagro se produjo gracias al *Libro de Ester*, la eliminación del velo sobre la emanación de *Jojmá* y la

revelación del mundo verdadero. El *Talmud* nos enseña que
en los tiempos del Mesías sólo existirá la realidad de *Purim* y
toda la *Torá* será anulada, ya que no es más que una cobertura
ilusoria sobre la conciencia verdadera. El propósito de la *Torá*
es permitirnos recibir en el mundo ilusorio. Mediante la
lectura de relatos sobre acontecimientos ilusorios y el
desciframiento de los códigos ocultos que hay en ellos,
obtenemos la llave de la puerta de la prisión y llegamos a ser
capaces de abrirla para emerger de la esclavitud de la ilusión
y entrar en la libertad del mundo verdadero. Pero una vez
conectamos con el mundo verdadero, dejamos de necesitar
alguna herramienta para hacerlo. Por lo tanto, en los tiempos
del Mesías toda la *Torá* será anulada excepto la festividad de
Purim, que seguirá existiendo.

"Hay o no hay" es el código para describir la duda, la
incertidumbre y la conciencia ilusoria. La forma de eliminar
la duda está descrita en el *Libro de Moshé*, cuando, en la
sección de *Zajor*, Aarón y Hur se conectan con la fuerza
interior de la letra *Bet* y establecen el sistema de tres
columnas en el mundo espiritual. Si practicamos la
restricción, si nos ocupamos de los demás y amamos a
nuestro prójimo como a nosotros mismos, podremos obtener
bendiciones y certeza. Cualquier descripción del futuro que
contenga aunque sea un indicio de negatividad es
necesariamente una descripción ilusoria.

Por cierto, el concepto de realidades paralelas o de dos
mundos —uno ilusorio y otro verdadero— responde muchas
preguntas. Podemos hacer transferencias entre los dos

mundos del mismo modo que las hacemos entre dos programas que trabajan simultáneamente en una computadora. El mundo ilusorio fue creado para permitirnos eliminar el Pan de la Vergüenza. Sólo después de que practiquemos la restricción en el mundo ilusorio podremos vislumbrar el mundo verdadero. Por el contrario, si nos detenemos y nos rendimos, regresaremos y caeremos de nuevo en el mundo ilusorio.

Sólo recientemente la ciencia ha comenzado a descubrir el mundo verdadero. Pero mientras sigamos entendiendo la materia en términos de "piedra" o "hierro", estaremos tratando con la ilusión. Porque la verdad se revela sólo cuando descendemos al nivel del átomo y penetramos en la cobertura de sus órbitas. El átomo es sólo energía, una conciencia viviente y vibrante. El átomo es esencialmente vacío, y su núcleo sólido constituye una parte insignificante de su volumen. Ésta es la verdadera realidad que nos revela *Purim*: nos revela la estructura del átomo y anula la ilusión del "árbol" y el "metal". Leer el *Libro de Ester* nos conecta con la certeza del mundo verdadero porque es la revelación de lo que está oculto.

Nadie puede completar la corrección ni alcanzar la completitud en soledad, sin ninguna ayuda o cooperación de las personas que están a su alrededor. Todos debemos recordar que formamos parte de la totalidad cósmica y que, por lo tanto, debemos tener el deseo de colaborar con los otros aspectos del universo para lograr la completitud. Si todos recordáramos que necesitamos de otras personas y que

debemos estar dispuestos a ayudar a otros seres humanos —
un principio que es en realidad la definición práctica de la
frase "ama a tu prójimo como a ti mismo" — no habría lugar
para la incertidumbre. Ésta es la esencia de *Purim*. En
ninguna otra festividad hay un aspecto tan claro del acto de
dar, de la cooperación y del cuidado por los demás. En
Janucá damos regalos, pero nuestra actividad se limita al
círculo de nuestra familia, que viene a ser una extensión de
nosotros mismos. Sólo en *Purim* se lleva a cabo un acto
genuino de dar al prójimo. Sólo en *Purim* existe la ley
universal de enviar regalos.

¿Y por qué sólo en *Purim* y no durante todo el año?
Porque a lo largo del año el mundo está dominado por la
ilusión de la separación. Sólo en *Purim* se elimina la máscara
y se descubre la verdad: la conexión que existe entre toda la
Creación y que se revela a través de la presencia de la
completitud.

La *Torá* se nos entregó con un solo propósito: eliminar
la conciencia del Deseo de Recibir Sólo para nosotros
Mismos. La meta final es lograr la certeza, la elevación de la
conciencia humana y la liberación de la esclavitud mental y
espiritual.

Cuando leemos el *Libro de Ester*, no sólo revelamos los
secretos ocultos que hay en él; también construimos una
conexión con un acontecimiento cósmico que ocurre, según
el Arí, sólo en este día. Únicamente en *Purim* podemos
conectarnos con la unidad completa del mundo verdadero. A

diferencia de las festividades del mes de *Tishrei*, en *Purim* no tenemos que pasar días enteros en la sinagoga, no precisamos un *Shofar* ni un *Lulav*, y tampoco debemos ayunar ni consumir apio o miel. No precisamos saber nada en particular, ni siquiera la diferencia entre "bendito sea Mordejai" y "maldito sea Hamán". Hamán representa nuestro lado oscuro. Y no precisamos una apisonadora para eliminar la oscuridad de una habitación; es suficiente con encender un fósforo.

No obstante, en *Purim* se nos pide que hagamos un pequeño esfuerzo, sólo uno. Todo lo que tenemos que hacer es ser felices y embriagarnos. Cuanto más embriagados estemos, más completa será la conexión. Para librarnos de la negatividad en nuestras vidas, necesitamos liberarnos del mundo ilusorio, y la mejor manera de lograr esto en *Purim* es emborrachándonos. Al no estar del todo conscientes, eliminamos la barrera que nos separa de la conciencia cósmica. Puesto que en *Purim* el cosmos entero se ilumina con la conciencia de la certeza, al embriagarnos en este día obtenemos certeza suficiente para todo el año. La embriaguez no se recomienda en ninguna otra fecha, ya que el universo se llena de certeza sólo en *Purim*.

Para eliminar la barrera mental, usamos dos herramientas: las bebidas alcohólicas y el *Libro de Ester*. Este libro es tan importante que no nos limitaremos a sentarnos y escucharlo, sino que participaremos de manera activa. Cada vez que leamos el nombre de Hamán meditaremos sobre la combinación *Jaf-Hei-Taf* כ ה ת de los 72 Nombres de

Dios, que es un haz de luz, como un rayo láser que elimina
la oscuridad llamada Hamán. En el nivel individual, pensar
en *Jaf-Hei-Taf* anulará toda negatividad causada por un
pensamiento o acción negativa. Sólo esta combinación de
letras puede lograrlo. Por lo tanto, es mejor mantenernos en
silencio y concentrarnos durante la lectura. En alrededor de
40 minutos seremos capaces de alcanzar lo que durante los
meses de *Elul* y *Tishrei* nos toma siete semanas de arduo
trabajo. Sin embargo, quien en este día no pueda
concentrarse durante estos 40 minutos, quedará
profundamente estancado en el mundo ilusorio. Sólo se
precisa un pequeño esfuerzo; ni siquiera debemos leer. Es
suficiente con escuchar, siempre y cuando nos concentremos,
meditemos sobre *Jaf-Hei-Taf* y mantengamos la conciencia
correcta.

En los días del milagro de *Purim*, entre los Israelitas
existía amor y cuidado total. ¿Cómo podemos conectarnos
con esa energía en el presente? La Kabbalah nos enseña
que esta conexión es posible sólo a través del conocimiento
y la comprensión. Mientras no haya conocimiento y
comprensión de aquello con lo que nos queremos conectar,
no tendremos la oportunidad de lograr la conexión.

El Arí escribió: "Para prolongar en el presente ese
resplandor de Mordejai y Raquel, en *Purim* damos caridad a
los pobres". ¿Por qué? Porque la palabra "caridad" en arameo
צְדָקָה, *tzedaká*, proviene del vocablo arameo "justicia"
צֶדֶק, *tzedek*. No es casual que *Purim* ocurra en el mes de
Adar. El planeta que rige el mes de *Adar* es Júpiter. Al dar

caridad con amor, nos conectamos con la energía de Júpiter; además, los donativos a los pobres acortan las distancias en la sociedad y todos nos convertimos en una sola alma en completa unidad.

Muchos no saben que antes de *Purim* Mordejai viajó a Israel. Está escrito en el *Libro de Nejemyá*: "Éstos son los hijos de la nación que vinieron a Israel por la Diáspora que causó Nebujadnetsar, el Rey de Babilonia, y regresaron a Jerusalén y Judá, cada uno a su ciudad. Los que vinieron con Zerubabel fueron: Yeshua, Nehemiá, Azarías, Raamiá, NaHamáni, Mordejai, Bilshan, Misperd, Bigvai, Nehum, Baaná, el número de los pueblos de la nación de Israel".

Todas estas personas fueron a Israel y se quedaron allí. Sólo Mordejai regresó a la Diáspora, a Shushan. ¿Por qué lo hizo? La respuesta está en el *Talmud*, en la sección que se ocupa del *Libro de Ester* y describe una historia extraordinaria relacionada con Daniel el Profeta. Daniel también fue a Persia, donde está sepultado. Los persas lo nombraron vocero de los gobernantes. Daniel no era un profeta, a diferencia de Nejemyá y Ezria en su generación, quienes eran especiales porque no pecaron nunca en sus vidas. En el *Libro de Daniel*, sección 10, versículo 7, se lee: "Y yo me vi a mí mismo solo en el espejo, y las personas que estaban conmigo no vieron el espejo...".

De acuerdo con el *Talmud*, Daniel estaba con los profetas en aquellos momentos, pero sólo él tuvo la visión que describe. La visión estuvo acompañada por un terremoto que hizo huir a los profetas y esconderse. Prácticamente no hay interpretaciones de este versículo. ¿Qué ocurrió allí realmente?

Igual que el Zóhar, el *Libro de Daniel* está completamente escrito en arameo. En aquellos tiempos, el arameo era una lengua que se hablaba en Persia. Cientos de años después de que vivieran Daniel y Mordejai, el arameo fue la lengua en la que el Zóhar fue revelado a Rav Shimón bar Yojái. Todo el Zóhar provino del *Libro de Daniel*. El propósito del viaje de Mordejai a Israel y su regreso fue conectarse con el conocimiento del Zóhar y llevar este conocimiento a Shushan. Mordejai enseñó a su pueblo el poder del Zóhar, y al implementar este estudio en la forma de unidad y amor incondicional, los Israelitas establecieron una conexión que iluminó el mundo y derrotó a Hamán. Lamentablemente, no todos los que estuvieron presentes en el Pecado del Becerro de Oro estuvieron presentes en el milagro de *Purim*. De haber estado todos presentes en *Purim*, habrían corregido el daño ocasionado por el Becerro de Oro y habrían revelado al Mesías en ese preciso momento y lugar. El milagro de *Purim* en presencia de todos los Israelitas habría devuelto al mundo a un estado de "muerte de la muerte para siempre".

La "actriz de reparto" de esta película, la heroína de la historia, fue Ester, también conocida por el nombre de Hadasa. Ester era una profetisa muy especial; ella controló por sí sola todos los acontecimientos de *Purim* y logró la victoria sin violencia de ningún tipo. Es verdad que todos los

Israelitas la apoyaron espiritualmente, pero físicamente trabajó sola en el palacio real.

¿Por qué se nos enseña que Ester también recibe el nombre de *Hadasa*? Como sabemos, la fuerza de los Israelitas no se mide en términos físicos, sino en la fuerza de su conexión con los 72 Nombres de Dios. Ellos no vencieron a sus enemigos mediante la fuerza física, sino que lo hicieron con el poder de la combinación *Jaf-Hei-Taf* que Ester transfirió a Mordejai a través de Daniel. Daniel recibió el mensaje en arameo y se lo pasó a Mordejai, quien entonces lo diseminó entre todos los Israelitas de Shushan. Éste es el mensaje que merecemos estudiar hoy en la forma de la Kabbalah. El nombre Hadassah proviene de la palabra aramea *Hadas* ("mirto o arrayán"), la misma planta que usamos para nuestra conexión en *Sucot*, en la *Havdalá* cada sábado por la noche, bajo la *Jupá* (dosel) en las bodas y en la *Brit Milá* (circuncisión). Esta planta es única porque sus hojas crecen en ramos de tres que nacen de un punto común. El poder de la *Hadas* reside en el poder de la completitud y la unidad del sistema de tres columnas.

Cuando leemos el *Libro de Ester* con la ayuda del conocimiento que recibimos de Daniel a través de Rav Shimón, establecemos el sistema de tres columnas. Así es como atraeremos la Luz del Mesías al mundo entero y anularemos por completo cualquier revelación del caos que haya en el universo. Con la ayuda de este conocimiento, lograremos el destino del *Libro de Ester*: revelar lo encubierto, que es la fuerza interna de los 72 Nombres de

Dios, especialmente de la combinación *Jaf-Hei-Taf*. Con la ayuda de esta combinación, derrotaremos a Hamán, que representa toda la energía negativa inteligente en el universo; porque Hamán sólo puede ser derrotado con el poder de la Luz, no mediante la fuerza física.

La importancia de Ester y del *Libro de Ester*, así como el carácter singular de *Purim* (que lo ubica en una categoría totalmente diferente a *Rosh Hashaná*, *Yom Kipur*, *Sucot*, *Pésaj* y *Shavuot*) se explica en el *Talmud*: "Hagan y acepten lo que ya ha sido aceptado". Pero tal vez podríamos preguntar: ¿cómo es posible que el *Libro de Ester*, escrito por un ser humano, sea más importante que la *Torá*, que el mismo Creador nos entregó? La respuesta se halla oculta en la explicación de un versículo del *Talmud*. En *Purim*, los Israelitas aceptaron y practicaron la *Torá* que les fue entregada en el Monte Sinaí, algo que no habían hecho 600 años atrás, durante la revelación misma. Allí fue donde se entregó la *Torá*; sin embargo sólo en *Purim* la *Torá* fue recibida por los Israelitas. Éste es el carácter singular de *Purim* y el secreto de su importancia. Mientras los Israelitas no aceptaron la *Torá*, fue como si no existiera para ellos, y por lo tanto, todas las leyes y las festividades que emanaban de ella tuvieron sólo una importancia limitada. Durante 2.800 años, los Israelitas han tenido la llave de una gran revelación que, a diferencia de la *Torá*, permanecerá para siempre.

¿Cómo podemos alcanzar esta revelación? Estudiando la Kabbalah. Ahí es donde aprendemos por qué Daniel fue llamado *Jataj* הֲתָךְ: para enseñarnos que todo lo que aparece en el *Libro de Ester* está codificado. Únicamente a través de la Kabbalah aprendemos por qué Ester no quedó satisfecha con sólo anular el decreto de Hamán, por lo que anuló de raíz el complot malicioso que Hamán había planeado contra Israel y el mundo entero. Ester se centró en el nivel causal del caos mundial; no en el ser físico de las personas, sino en los pensamientos de odio que pasaban por las mentes de camino a su manifestación en el mundo. Si nos libramos de Hamán pero no de la energía causante de los pensamientos de odio en las personas, entonces no habríamos logrado nada y otro terrorista habría surgido y continuado el trabajo de Hamán. Destruimos muchos enemigos, pero no logramos la paz mundial duradera. El *Libro de Ester* es una herramienta para derrotar completa y definitivamente los poderes negativos en el mundo, para siempre.

Para terminar, prestemos atención al otro protagonista de la historia de *Purim*: el perverso Hamán. Él sabía que si conseguía bloquear el flujo de Luz en la noche del 14° día de *Adar*, sería el fin de Israel, porque esta Luz no se revela en ningún otro día del año. Hamán también sabía que si fracasaba, la Diáspora terminaría y no sería capaz de detener la revelación de la Luz en el mundo. Esto nos lleva a la declaración más osada que el Arí haya hecho. Hasta aquí hemos descrito a Hamán como el villano de la historia; pero Hamán también era una persona, igual que Abraham e Isaac. Y como ellos, fue un vehículo, un canal a través del cual se reveló determinada energía de pensamiento inteligente, una especie de conciencia, de esencia energética.

A diferencia de los animales, que no hacen preguntas, los humanos pueden y deben plantearse cuestiones para intentar alcanzar la comprensión y el propósito de sus acciones. El cumplimiento de órdenes a ciegas no es humano y sólo sirve a aquellos cuya conciencia está limitada al mundo ilusorio y físico. Dios nunca quiso decir —y nunca dijo— que debemos obedecer sin preguntar. La actitud de los mandamientos es de adoración de ídolos. El enemigo de los Israelitas, por tanto, es todo aquel que plantee un enfoque religioso que prohíba las preguntas, quienquiera que diga: "Porque está escrito".

Todos los que apoyan estas formas religiosas son responsables del caos en el mundo y están demorando la llegada del Mesías. La derrota de Hamán fue lograda por personas simples que hicieron preguntas sin miedo, y por Mordejai y Daniel, que trajeron de Jerusalén el conocimiento para responder aquellas preguntas. El Arí nos dice que la única festividad que permanecerá en el fin de los tiempos será *Purim*. ¿Por qué sólo *Purim*? La razón es que hace dos mil años, el verdadero significado de la palabra "Mesías" fue malinterpretado. El Arí explica que el Mesías es una especie de energía que brilla en el universo y elimina completamente cualquier aspecto de negatividad.

En los tiempos del Mesías, cada día será *Purim*, porque la conciencia de *Purim* es la conciencia del Mesías. Habrá una eliminación total del caos, del dolor y del sufrimiento del mundo para siempre. El Mesías y *Purim* son uno y lo mismo.

Rosh Jódesh Nisán
(ARIES)

En el *Libro de la Formación*, compuesto por Avraham el Patriarca, leemos: "Él coronó la letra *Hei* y formó con ella el carnero en el mundo y el mes de *Nisán* en el año y la mano derecha en el alma, masculina y femenina".

Hei ה, la quinta letra en el alfabeto arameo, es el ADN del signo de Aries y del mes de *Nisán*. La conciencia interna de *Hei* es también la conciencia de Aries y de *Nisán*. ¿Por qué esta letra está conectada con el mes de *Nisán*, el comienzo del año? La explicación está en la *Torá*, en la sección *Lej Lejá*. Allí se cuenta que el Creador cambió el nombre de *Abram* a *Avraham* para que se volviera fértil, experimentara el progreso y se transformara en el padre de una gran nación. Por el mismo motivo, el nombre de *Sarai* pasó a ser *Sará* (*en hebreo Sarah*). La energía interna de la letra *Hei* permite que ocurran milagros y maravillas, así como el reinado de la mente sobre la materia. Ésta es la energía que permitió que Sará concibiera y diera a luz a Isaac a la edad de 90 años; la misma energía que originó el Éxodo de Egipto, las diez plagas y la división del Mar Rojo.

Cuando leemos las historias bíblicas, no nos concentramos en su aspecto histórico sino en su significado espiritual oculto. Dado que la letra *Hei* es capaz de crear milagros, está situada en el primer mes del año: el nivel de la semilla para el año entero. A partir de allí puede darnos el control sobre nuestro destino y nuestra vida para todo un año.

Aquel que piense que el motivo de celebración de Pésaj es conmemorar el Éxodo de la esclavitud física a la libertad física, o dar un motivo válido para una reunión familiar anual, está totalmente equivocado. La *Torá* no deja espacio para una interpretación errónea: cada vez que los Israelitas tropezaron con alguna dificultad a lo largo de sus viajes por el desierto de Sinaí, se volvieron contra Moshé y le exigieron que los regresara a Egipto. La esclavitud en Egipto no era física, sino una adicción esclavizante al Deseo de Recibir Sólo para uno Mismo. La *Torá* es clara al respecto: el Éxodo y todo lo relativo a él fue efectivamente impuesto a los Israelitas, incluyendo la entrega de la *Torá* en el Monte Sinaí.

Los antiguos egipcios sabían cómo esclavizar a las personas utilizando la conciencia negativa. La adicción al Deseo de Recibir Sólo para uno Mismo es la causa y raíz de la Diáspora. En el 15° día del mes de *Nisán* hay una revelación de una fuerza que nos permite liberarnos de las

adicciones para lograr una vasija espiritual completa. Éste es
el código que puede liberar al mundo del caos y transformar
el sufrimiento en orden y armonía. Así como el ADN físico
se compone de diferentes combinaciones de aminoácidos, el
ADN espiritual está formado por combinaciones diferentes
del alfabeto arameo. La letra *Hei* tiene el poder de imponer
la conciencia de la mente sobre la materia. Con la letra *Hei*,
las aguas del Nilo pueden transformarse en sangre y luego
nuevamente en agua. Pero no basta con conocer la letra *Hei*;
también debemos reconocer el calendario de programas
cósmicos. El Creador quiere ayudarnos, pero desde nuestra
decisión anterior a la primera restricción, el Creador limita
este beneficio a períodos específicos y rítmicos. Si rezamos
en el momento equivocado, nuestras conexiones no pueden
ser aceptadas, aun cuando el Creador las escuche y quiera
responderlas.

Por primera vez en la historia, tenemos toda la
información necesaria para crear cambios en el cosmos: tanto
las meditaciones que acompañan la plegaria como el
programa de eventos cósmicos. Tenemos esa oportunidad en
la noche de *Pésaj*, cuando utilizamos nuestros libros de rezo
nuevos y junto con el apoyo de todas las personas que los
utilizan en todo el mundo. Es importante recordar que la
eliminación del caos está directamente conectada con el
rompimiento de las cadenas de la adicción: la transformación
del Deseo de Recibir Sólo para uno Mismo en Deseo de
Recibir con el Propósito de Compartir. Manifestamos esta
transformación cuando demostramos consideración y
sensibilidad ante las necesidades de los demás. Vivimos en la

era sobre la cual el Zóhar predijo: "Aflicción para aquellos que vivirán en esa era, y alabanzas para aquellos que vivirán en esa era".

El comportamiento humano dictará si este mes será una semilla para el derramamiento de sangre —Dios no lo permita— o para la elevación y la corrección del alma. En la noche de *Pésaj*, obtenemos el poder de infundir orden en nuestras vidas y eliminar el caos. Pero no seremos capaces de materializar este regalo mientras alberguemos odio en nuestras vidas. Ni la conexión ni todas las lecciones descritas en este libro ayudarán a aquellos que no sean capaces de renunciar al odio.

Ahora bien, ¿significa esto que deberíamos perder todas las características personales y pensar todos del mismo modo? No, en absoluto; cada uno debe mantener su singularidad y, con la misma convicción, respetar las ideas de sus amigos, aun cuando éstas sean distintas a las suyas. Ésta es la unión de las diferencias, la manera de restringir y revelar la Luz en el mundo. El filamento en una bombilla de luz permite el flujo de la electricidad a través de la restricción o resistencia, y el resultado es la revelación de la luz y la eliminación de la oscuridad. Una vez que revelemos la Luz del Creador en nuestras vidas, desaparecerán todos los aspectos de la oscuridad, del caos, la destrucción y la conciencia de Satán.

Durante el mes de *Nisán* debemos esperar discusiones y conflictos, y entender que son simplemente oportunidades para revelar la Luz. El lado negativo hará todo lo que esté a su alcance para que reaccionemos de manera desconsiderada, intentando así impedir que utilicemos las herramientas que tenemos a nuestra disposición para controlar nuestro destino. Pero no seremos atrapados: nos elevaremos y haremos frente a la responsabilidad que se nos confió, trayendo paz al mundo y poniendo fin a cualquier conflicto violento. Es nuestro deber encender la Luz, y aquel que no sea capaz de amar a sus enemigos, debería al menos actuar con dignidad humana hacia ellos.

La razón es muy simple: en el mes de *Nisán* es posible terminar con la era del sufrimiento, cambiar la cara del mundo y traer orden, paz y amor.

Pésaj
(PASCUA)

omo ocurre con las demás festividades, no celebramos *Pésaj* por tradición o creencias religiosas. *Pésaj* es un código cósmico que nos brinda un entendimiento de las verdades que están más allá del alcance de nuestros cinco sentidos, verdades del reino espiritual, el cual contiene el 99,9999% de la realidad. Si no entendemos esto, no podemos entender el mundo en el que vivimos. La Kabbalah enseña que hay una inteligencia cósmica omnisciente que incluye y abarca toda la energía del cosmos. Si quiero saber qué pasará mañana, puedo conectarme con la inteligencia cósmica y obtener el conocimiento que necesito, porque el mañana ya existe dentro de esa inteligencia.

Naturalmente, a todos nos gustaría saber qué nos depara el destino. ¡Imaginemos las implicaciones de esta capacidad para un corredor de bolsa! Pero nuestro interés está en los logros espirituales, no en la mera adquisición de acciones rentables. El éxito en el mercado de valores no puede garantizar la felicidad, la salud, la longevidad, la armonía ni las buenas relaciones; todas estas cosas se logran usando las herramientas y la sabiduría de la Kabbalah.

Pésaj se celebra en el mes de *Nisán*, cuando el planeta regente es Marte y el signo astrológico es Aries. Como explicamos previamente, Jerusalén no es sagrada porque el Templo haya sido construido allí, sino que el Templo fue construido allí porque Jerusalén está conectada con la energía sagrada. Una manifestación en el reino físico nunca puede ser la causa; y esto también es válido para el momento de *Pésaj*. Los acontecimientos históricos de *Pésaj* tuvieron lugar hace alrededor de 2.400 años, pero fueron el resultado de otros acontecimientos que ocurrieron en el momento de la Creación. En otras palabras, debemos ver *Pésaj* como un resultado del universo antes que ver al universo como un resultado de *Pésaj*.

Pésaj siempre cae en la primavera, durante el mes de *Nisán*, cuando el signo astrológico de Aries influye en el universo en conjunción con el planeta Marte. *Pésaj* nunca caerá a más de unos días de distancia del 31 de marzo, que es el primer día de la primavera. Rav Isaac Luria, el Arí, dice que está escrito en el *Libro del Éxodo*: "Este mes es para ustedes la cabeza de todos los meses, el primero para ustedes de todos los meses del año". ¿Por qué el Arí aclara "para ustedes"? Antes del Éxodo de Egipto, sólo unos pocos elegidos —Adán, Abraham, Isaac y Jacobo— conocían los secretos del universo; pero durante el Éxodo, este conocimiento se volvió disponible para todos. "Para ustedes" significa, pues, que el conocimiento y la tecnología de la comunicación espiritual y del control del destino fueron entregados a los Israelitas en nombre de las generaciones futuras para beneficio de toda la humanidad. En efecto, la responsabilidad y el deber de utilizar esa formación fue entregada a "ustedes"; es decir, a todos los Israelitas.

Los Israelitas fueron a Egipto para conectarse con la negatividad y eliminar el Pan de la Vergüenza, lo cual se logra mediante la restricción en el momento correcto, cuando se presenta la oportunidad. Los Israelitas podían controlar la "película" de su vida; podían avanzarla, rebobinarla y hasta... ¡cambiar la cinta! Es necesario que sepamos que las "cintas" de nuestras vidas pueden cambiarse, y que existen otras. Necesitamos tener la capacidad de leer las etiquetas de las cintas para elegir una que sea deseable de entre las que están disponibles. Pero por supuesto, antes necesitamos saber que esta oportunidad existe y cuándo está programado que ocurra.

El momento óptimo para eliminar la negatividad es cuando el Deseo de Recibir Sólo para uno Mismo alcanza su punto máximo. Esto sucede durante el mes de *Nisán*, cuando Marte, el planeta de la Guerra, ejerce su influencia sobre el mundo a través del signo de Aries. Aries simboliza al pionero que lidera el camino y está fortalecido por el poder que obtiene de Marte, el mismo poder que también es responsable de la primavera. Al controlar la fuerza de Marte, podemos controlar el poder de crecimiento y rejuvenecimiento en nuestras vidas, tal como la naturaleza hace en la primavera. Vivir en el caos con una falta de control sobre tu vida es como estar en prisión. Pero en *Pésaj* podemos abrir túneles en las paredes de esa celda y liberarnos, porque la ocasión nos brinda la oportunidad de activar la restricción sobre el Deseo de Recibir Sólo para nosotros Mismos.

Específicamente, en *Pésaj* podemos revelar el lado positivo de Marte, que es el poder del rejuvenecimiento. Dijimos que Marte es el planeta de la guerra. Pues bien, el Deseo de Recibir Sólo para uno Mismo es siempre la causa de toda guerra. Marte es el canal para esta conciencia, ya que es responsable de la ilusión de separación que impide que las personas vean la conexión cuántica entre las cosas. Esta conciencia es responsable de la proximidad física entre Marte y la Tierra, el reino de *Maljut*. El carnero que apareció en el sacrificio de Isaac es el carnero que se revela en la primavera, el símbolo del deseo egoísta. La razón por la que Avraham el Patriarca hizo la conexión entre Aries y Marte es que ambos representan la misma conciencia, la del Deseo de Recibir Sólo para uno Mismo, y ambos se conectan con la energía del juicio.

El centro mundial del juicio está en Egipto. Por eso los egipcios eligieron al carnero como su dios. Ellos comprendieron que la realidad espiritual determina los acontecimientos del mundo físico. Ellos reconocían el poder de Aries y sabían que su conciencia se manifestaba en el mundo físico a través del carnero. No adoraban al animal, sino la energía espiritual que éste encarnaba. Los egipcios sabían cómo conectarse con la energía del signo cósmico de Aries a través del carnero, y a través de Aries controlaban la revelación del juicio en el mundo.

Aviv es la palabra aramea para "primavera", y puede separarse en dos sílabas: *Av* בא ("padre") e *Iv* בי (en arameo, el valor numérico de 12). La primavera es el primero de los 12 meses y el padre de todos los meses, razón por la cual Aries es el primer signo en el Zodíaco. En el primer día del mes de *Nisán* presenciamos, por primera vez en la historia de la humanidad, una nación entera unida en la comprensión y en la práctica del sistema de tres columnas. El sacrificio del carnero representó la activación del poder de restricción sobre el Deseo de Recibir Sólo para uno Mismo, que era la esencia de la cultura egipcia. Los Israelitas alcanzaron la fortaleza necesaria para este gran descubrimiento: el aspecto positivo del signo de Aries y del planeta Marte. Este acto cambió la "película" de sus destinos e hizo posible el Éxodo de Egipto. Así, durante las festividades del mes lunar de *Tishrei* recibimos una extensión de vida de un año en nuestro "contrato". Y en el mes de *Nisán* podemos cambiar nuestra forma de vida y corregir el resto del año de acuerdo con dicho cambio.

Es verdad que uno puede arrepentirse en cualquier día de cualquier mes, pero en *Nisán* hay ayuda cósmica. *Nisán* nos permite generar un cambio en el nivel de la raíz. Los Israelitas recibieron el precepto de bendecir la luna nueva antes de la plaga del primogénito, en el nivel germinal. Después de haber logrado control sobre el mes de *Nisán*, pudieron soportar fácilmente esta plaga —el acontecimiento cósmico de eliminar el deseo egoísta desde la raíz— causando que durante dicha plaga el Ángel de la Muerte pasara de largo las casas de los Israelitas. El nombre de esta festividad deriva de este hecho. Si logramos establecer una conciencia espiritual durante *Pésaj*, el caos nos pasará de largo y alcanzaremos el Mesías. Si no lo hacemos —Dios no lo permita—, habremos perdido la oportunidad que nos brinda esta festividad.

Deberíamos familiarizarnos con el "hardware" físico de *Pésaj*. Al comprender este hardware, podremos establecer el poder de la conexión (con la ayuda del Arí descubriremos la *Hagadá* de *Pésaj* o libro de conexión, que es el software compatible con el hardware de *Pésaj*). Toda la vegetación está conectada con el sistema de tres columnas, razón por la cual las plantas se renuevan y crecen en la primavera. También nosotros tenemos la oportunidad de elegir conectarnos en la primavera, cuando el universo está inundado de energía de vida, de renovación, y de liberación de las limitaciones de nuestra vieja película. Preparando una vasija espiritual apropiada, aprovecharemos equilibradamente la explosión de esta energía y revelaremos una gran cantidad de Luz en el mundo. El calendario arameo hacía coincidir el año lunar con el año solar a fin de conectar Marte, Aries y el mes de *Nisán*. Sólo esta combinación puede proporcionar la suficiente inyección de energía para romper las cadenas del destino, cambiar la película y liberarnos del caos. El Éxodo de Egipto fue el resultado de esta fecha especial que llamamos *Pésaj*.

Más que ninguna otra nación en la historia, los egipcios se conectaron con el Deseo de Recibir Sólo para uno Mismo. Dado que este deseo es la esencia del mundo físico, esta conexión es crucial para controlar la materia. Éste es el poder que los egipcios utilizaron para construir las pirámides, y hasta hoy nadie ha sido capaz de duplicar sus logros materiales. ¿Cómo lo hicieron? El deseo egoísta rompe el círculo de conexión que une a toda la creación y fomenta la ilusión de la separación, del espacio y del tiempo lineal. Todo aquel que está bajo la influencia del deseo egoísta se ve a sí mismo como desconectado del resto del universo. Sólo puede ver un punto, que es él mismo. Por esta razón está desconectado del origen de la fuerza cósmica que puede liberarle de la esclavitud robótica al destino y al comportamiento reactivo.

Practicando la restricción del deseo egoísta —al controlar este deseo y transformarlo en Deseo de Compartir— cualquiera puede librarse de las cadenas de la ilusión y conectarse con la realidad que une pasado, presente y futuro y vincula al individuo con el resto del universo. Este lazo nos da el poder de romper las cadenas de nuestro destino y es nuestra llave hacia la libertad. Para derrotar a la nación egipcia, los Israelitas tuvieron primero que convertir su deseo egoísta en un Deseo de Recibir con el Propósito de Compartir. Esta transformación se logró con la bendición de la luna nueva y a través del sacrificio del carnero.

En la primera noche de *Pésaj*, y sólo durante la primera noche, el universo permanece libre de las cadenas del destino. Sólo entonces podemos acceder a la ayuda cósmica necesaria para cambiar y reemplazar nuestra película por una mejor, sin la obligación de ser personas completamente justas. Cualquiera puede utilizar esta oportunidad de activar el software codificado en el libro de conexión, la *Hagadá*, para atraer la abundancia espiritual del hardware que está disponible en ese momento en el universo. Cualquiera puede cambiar su película como si poseyera una varita mágica y librarse de lo que está predestinado. Éste es el secreto de *Pésaj*.

El Arí advierte que antes que ninguna redención pueda ocurrir, es necesario descender al fango de la dificultad física para ganarnos la purificación. Tal era la situación de los Israelitas en los tiempos del Éxodo, con la diferencia significativa de que los Israelitas se habían convertido en "adictos al fango". Aun cuando Moshé les prometió los 72 Nombres de Dios y la *Torá* —las herramientas con las que podían conectarse con fuentes de energía cósmica y atraer abundancia infinita para ellos mismos y el mundo entero—, los Israelitas siguieron lamentándose por lo que habían dejado atrás en Egipto.

¡Piénsalo! Si alguien te ofreciera 50 millones de dólares, ¿le pedirías además una grabadora gratis? No tiene sentido. Cuando los Israelitas fueron liberados, en realidad no se dieron cuenta de que debían manifestar su potencial a través de la restricción. El Creador literalmente impuso esta redención sobre ellos. Si los Israelitas hubieran alcanzado un nivel inferior de negatividad, no habrían podido ser salvados; no habrían sido capaces de activar el poder de la restricción para eliminar el deseo egoísta y la conciencia negativa.

La Kabbalah enseña que cada acontecimiento que ocurre en el universo es el resultado de la acción humana. Si somos buenos, creamos una energía positiva, y si somos malos, una energía negativa que son la causa de todos los fenómenos. Esto es exactamente lo que la Kabbalah afirma, aun cuando no veamos la correlación entre los acontecimientos cosmológicos y las acciones humanas. Si queremos controlar los acontecimientos futuros, debemos controlar la cinta que estamos transmitiendo. Las posibilidades de entre las cuales decidimos lo que vamos a manifestar son infinitas. Desde el momento en que introducimos la cinta y encendemos el aparato cósmico, el orden de los sucesos se impone de manera estricta, sin libre albedrío. Pero al utilizar la restricción, podemos expulsar la cinta, elegir una diferente de entre la infinita variedad e introducir la nueva cinta en lugar de la vieja. En la noche del *Séder* (comida de orden) podemos cambiar nuestra "película" por un año, hasta el siguiente *Pésaj*. La primera cinta de cada persona se decide conforme a las acciones de sus vidas pasadas. Mientras la gente no tome medidas para cambiar su primera película, su guión permanecerá igual año tras año, y su futuro será previsible. Pero en la noche del *Séder* se nos brinda la oportunidad de cambiar el futuro. El Zóhar afirma que cada persona que se conecte con la Luz revelada en la noche del *Séder* será transportada a un universo paralelo y se conectará con una cinta en la que todos los juicios de las vidas pasadas se habrán borrado. La festividad de *Pésaj* nos ofrece esta oportunidad. No la desperdiciemos.

En el 10° día del mes de *Nisán*, fecha que recibe el nombre de *Shabat Hagadol* (Gran Shabat), el Creador reveló nuevamente la fuerza de *Zeir Anpín*, que hasta aquel momento había permanecido en estado fetal. Esta enorme revelación de Luz es la base de este *Shabat* especial. La revelación de la Luz permitió a los Israelitas, por primera vez en la historia, tomar control del Deseo de Recibir Sólo para sí Mismos. Previamente, sólo unos pocos elegidos —como Abraham, Isaac y Jacobo— fueron capaces de hacerlo. Pero en el Gran *Shabat*, la nación entera se unió contra el Deseo de Recibir Sólo para sí Mismo.

Por eso aquel día se les dijo a los Israelitas que metieran un carnero a sus casas, lo ataran y lo prepararan para matarlo como sacrificio de *Pésaj*. Controlar el carnero bloqueó la energía que sostenía a Egipto. He aquí el propósito del Gran *Shabat*: preparar el terreno para el Éxodo. Si los Israelitas no hubieran aprendido a controlar el carnero, Pésaj no habría ocurrido. Para manifestar una energía de pensamiento, debemos actuar en el reino físico. El control físico sobre el carnero durante el Gran *Shabat* manifestó el control espiritual sobre el Deseo de Recibir Sólo para uno Mismo y permitió la revelación de la Luz de *Zeir Anpín* en el mundo.

Cuando los Israelitas estuvieron frente al Mar Rojo, se volvieron al Creador y le pidieron ayuda. ¿Y cuál fue la respuesta del Creador?: "¿Por qué claman a mí?". El Zóhar explica que éste no era un momento para rezar, sino un momento para la acción, un momento para controlar la materia física a través del poder de la conciencia. Sin embargo, para lograr esto, necesitamos cumplir con tres requisitos: primero, creer de forma absoluta en que podemos manifestar ese control; segundo, utilizar correctamente los nombres sagrados, como los 72 Nombres de Dios, que conectan la conciencia y la materia; y tercero, entender que sólo a través de la Luz del Creador podemos lograr y canalizar a través de nosotros el control sobre la materia al resto del mundo. Estos tres requisitos se activaron en el momento de la división del Mar Rojo. La conciencia predominante era: "Agua, muévete a los lados. Fango del fondo del mar, endurécete y vuélvete suave y fácil de cruzar como un camino pavimentado".

Aun si tenemos certeza total y conciencia pura, todavía necesitamos un trasformador que pueda transferir nuestra energía de pensamiento a la materia. Éste es el propósito de los 72 Nombres de Dios que se utilizaron durante la división de las aguas del Mar Rojo, tal como se describe en la sección de *Beshalaj*, versículos 19-21. No somos nosotros los que hacemos milagros, sino la Luz del Creador que está detrás de cada pensamiento. La Luz, que siempre está dentro de nosotros, puede ser revelada sólo por y a través de nosotros. Somos los únicos que podemos decidir cómo será revelada la Luz del Creador en el mundo. Ésta es la razón de la respuesta que dio el Creador: "¿Por qué claman a mí?".

¿Podemos decidir, por lo tanto, caminar a través de una pared o viajar a Tokio en un minuto? ¿Qué nos detiene? Sólo la ilusión del tiempo y el espacio, que está llena de conciencia negativa, nos impide movernos libremente en el espacio. Para anular este bloqueo, necesitamos eliminar la negatividad y reemplazarla por Luz.

J A M E T S

Buscar el *jamets* y eliminarlo es un concepto importante en *Pésaj*. Esta práctica se lleva a cabo la noche anterior al comienzo de la festividad, el 14º día de *Nisán*. Primero se distribuyen diez piezas de pan alrededor de la casa y después se recolectan y se queman. Actualmente se suele confundir la búsqueda del *jamets* con la habitual limpieza general de la primavera. Esta es una confusión entre el orden espiritual (interior) y el orden físico que se necesita como preparación para la festividad.

Es necesario vencer el deseo egoísta, representado por la conciencia del *jamets*, para asegurar que la Luz revelada en la noche del *Séder* promueva nuestro proceso de corrección y no sea transferida al lado negativo. En realidad no es necesario limpiar todo el *jamets* físico de la casa. En la bendición que recitamos en el momento de la inspección, declaramos que cualquier *jamets* que no veamos no será tomado en cuenta. Lo importante es la limpieza de nuestro deseo egoísta interior, no la limpieza de las migas de pan. Mientras eliminamos el *jamets* en la noche, despertamos un proceso espiritual interno de exploración en el alma; recordamos todas las veces que nuestro comportamiento perjudicó a los demás. Mediante esta limpieza interior, preparamos la vasija espiritual para descargar el software que nos permitirá conectarnos con la Luz y corregir el año entero desde la raíz.

Quemar el *jamets* por la mañana siguiente pone fin al Deseo de Recibir Sólo para uno Mismo y mata al Ángel de la Muerte dentro de nosotros. Por esta razón, quemamos el sacrificio de *Pésaj* y chamuscamos un cuello de gallina para poner en el *plato del Séder*. La búsqueda y quema del *jamets* es la base sobre la que instalamos el software para la noche del *Séder*. Es una resurrección del alma (en el nivel de *Neshamá*) que deja la prisión en la que ha estado confinada: la conciencia materialista y el deseo egoísta. La quema del *jamets* elimina esta conciencia negativa en preparación para la lectura de la *Hagadá* y de la preinstalación del software que puede producir una nueva película en nuestra vida.

EL PLATO DEL SÉDER

La disposición del *Plato del Séder* (ver Diagrama 5) es el primer paso en el proceso de la instalación del software. La palabra aramea para *Plato del Séder* es Keará קְעָרָה , que tiene un valor numérico de 375, o 365 + 10. Al preparar una vasija limpia que contiene las Diez *Sefirot* (Emanaciones) en el momento de la búsqueda del *jamets*, obtenemos el control sobre los siguientes 365 días. El plato mismo representa la

Sefirá de *Maljut*, el mundo físico. Hasta llegar a este punto, sólo nos hemos estado preparando para conectarnos con la Luz. Sin embargo, ahora estamos utilizando herramientas que atraen la Luz y la dirigen hacia nosotros. Y si nuestra conciencia es la correcta, podremos usar el *Plato del Séder* para conectarnos con la energía que se revela esa noche. No se trata de una religión ni una tradición; éste es un viaje espiritual más allá del tiempo y del espacio, por un universo paralelo y un mundo mejor, y el *Plato del Séder* es la nave espacial que puede transportarnos en ese viaje.

Hay dos formas de disponer la *Keará*: una según el Arí y la otra según Gaón de Vilna. En el Centro de Kabbalah lo hacemos según las instrucciones del Arí. En el Plato disponemos siete objetos, que representan a *Jésed-Guevurá-Tiféret, Nétsaj-Jod-Yesod*, en la forma del Escudo de David: dos triángulos, uno encima del otro. Arriba a la derecha, en el lugar de *Jésed*, ponemos un cuello de gallina chamuscado en representación del carnero quemado (*Zroá*) en los sacrificios originales de *Pésaj*. La quema del carnero destruyó la conciencia del Deseo de Recibir Sólo para sí Mismo que el carnero canalizaba. Después de que la conciencia del lado izquierdo haya sido quemada y destruida, sólo queda la columna derecha. Ésta es la conciencia de *Jésed*, así que el cuello chamuscado se ubica en el punto que coincide con la emanación de *Jésed*. Si quemáramos el cuello completamente, destruiríamos también su lado derecho, por eso sólo lo chamuscamos a través del uso de la conciencia correcta.

En la parte izquierda superior del Plato, que corresponde a la emanación de *Guevurá*, ponemos un huevo duro. En arameo la palabra "huevo" es Beitsá, que también significa "deseo". Esto no es pura coincidencia. En Puertas de la Meditación, el Arí revela que la conciencia regente del huevo es la columna izquierda, el Deseo de Recibir. Cuando se cuece el huevo se fortalece esta conciencia; al cocinarlo el huevo se endurece, mientras otros alimentos se ablandan. Esta acción de endurecer el Deseo de Recibir Sólo para sí Mismo está asociado con el Faraón.

En el área media inferior del Plato, para la emanación de *Tiféret*, ubicamos hierbas amargas y el rábano picante, conocido en arameo como Maror. En *Las Puertas de la Meditación* el Arí ha escrito: "Y el *Maror* tiene un valor numérico similar a *Mavet* (muerte), y posee el aspecto de juicios severos". La *Gematria* —valor numérico o numerología— es la forma kabbalística de expresar ecuaciones matemáticas. Cuando probamos una cucharada de rábano picante picado, inmediatamente saboreamos el gusto de la muerte. Pero si aplicamos la restricción y continuamos masticándolo, el sabor cambia y se torna dulce. Tal como indica el Arí, "tienen que ser picados y masticados para endulzar su amargura". Éste es un precepto real: para revelar la Luz de la vida y rejuvenecer, debemos matar el Deseo de Recibir Sólo para uno Mismo y activar la restricción. Cuando probamos lo amargo, sentimos un fuerte deseo de aplacarlo con pan o agua. Pero cuando restringimos este impulso, matamos el deseo egoísta y revelamos la Luz equilibrada.

Tanto la paradoja de restringir lo que más queremos, como el equilibrio que logramos como resultado, están conectados con la conciencia de la columna central. Otra manera de comprender la conexión entre el poder de la restricción y la columna central es ver la restricción como la cubierta que a la vez revela y separa entidades. Si no hubiera identificación y distinción, las cosas estarían mezcladas en una sola sustancia, como en la primera vasija antes de la restricción original. Por la fuerza de la restricción es posible identificar y separar las entidades diferentes para manifestar cada potencial y crear armonía entre ellos.

En el área inferior derecha del Plato, correspondiente a la emanación de *Nétsaj*, disponemos una mezcla dulce de frutas llamada *Haroset*. Como explica el Arí en *La puerta de Pésaj*: "Y el secreto de *Haroset* es un rastro de arcilla, en el secreto de Leah, y debemos endulzar sus juicios también". La palabra aramea para "arcilla" es *tit* טיט , y su valor numérico es 28, el mismo que el término arameo para "fortaleza" (*koaj*) כח . Por lo tanto, el *Haroset* nos brinda fortaleza, pero ¿con qué fin? De acuerdo con el Zóhar, Leah es el nombre codificado del aspecto femenino del triángulo superior: el aspecto potencial y oculto del Escudo de David. El lado femenino también está conectado con el juicio. Con el *Haroset*, pues, podemos endulzar el juicio en el secreto de Leah.

El *Haroset* contiene diez ingredientes, que consisten en siete frutas y tres raíces (vino, manzanas, almendras, distintos frutos secos, dátiles, pérsimos, higos, jengibre, comino y clavo de olor). Las tres raíces representan las emanaciones de *Kéter-Jojmá-Biná*, y las frutas son las siete emanaciones inferiores. Tanto las frutas como las raíces son canales para la energía de las emanaciones en la forma de Luz retornante. Al elevar la Luz retornante podemos endulzar los juicios y facilitar la manifestación de la resurrección y la inmortalidad.

En el área inferior izquierda del Plato —la emanación de *Jod*— colocamos un ramito de perejil, *Karpas*. Esta palabra contiene el término *parek* (que significa "trabajo difícil" u "opresión") y la letra *Sámej*. El descenso a Egipto implicó trabajo difícil y opresión, pero todos los problemas y dificultades en la vida sirven para purificarnos. La presión es lo que diferencia un pedazo de carbón de un diamante. La completa certeza en el propósito de la Luz, cuyo único deseo es hacernos el bien, es la esencia de la emanación de *Jod*.

En el área media inferior del Plato, la emanación de *Yesod*, colocamos lechuga, que en arameo se dice *Jasa*. Esta palabra contiene el término jas (misericordia), que es precisamente aquello que la emanación de *Yesod* brinda a *Maljut*. De la misma manera, José mostró misericordia a sus hermanos cuando se reunieron, a pesar de todo lo que le habían hecho en su juventud.

Las tres *Matzot* ubicadas junto al Plato sirven para las tres emanaciones superiores, y junto con las siete áreas inferiores del Plato completan la representación de las diez emanaciones. Las tres *Matzot* representan a *Kéter-Jojmá-Biná*, o las columnas derecha, izquierda y central, conocidas también por su nombre codificado de Cohén, Levy e Israel respectivamente. La *Matzá* superior, llamada Cohén, actúa como el canal a la inteligencia energética del Infinito. La segunda *Matzá*, Levy, eleva el Deseo de Recibir Sólo para uno Mismo. Por último, la *Matzá* inferior, llamada Israel, alza la energía de la columna central y conecta con la revelación de la Luz Infinita. Las *Matzot* están conectadas con la columna derecha porque han cambiado su conciencia. La conciencia básica de la masa es similar a la conciencia del carnero: una conciencia de ego y deseo egoísta. Al revelar el poder de restricción durante el horneado especial, se impide que la masa absorba líquidos y se eleve. Esto representa la eliminación del deseo egoísta que existía en la masa. Así, lo que permanece en la *Matzá* es la conciencia de la columna derecha: humildad y ocuparse de los demás.

Este proceso de transformación del deseo egoísta en el Deseo de Compartir hace posible la revelación de Luz Infinita en nuestras vidas. He aquí la esencia interna de *Pésaj*. Marte, el planeta de la guerra, la sangre y la muerte, controla a *Nisán*. Pero la sangre es también el alma y la vida. Al elegir libremente el proceso de transformación basado en el poder de la restricción, revelamos la completitud en el mes de *Nisán*, una revelación real de la conciencia del Mesías.

LA *HAGADÁ*

Si *Pésaj* fuera una computadora, nuestro teclado sería la *Hagadá*, el libro de conexión de *Pésaj*. Cada una de sus 15 "teclas" activa otro nivel en el programa que trae orden y redención al mundo. Los nombres de los niveles son: *Kadesh*, *Urjats*, *Karpás*, *Yajats*, *Maguid*, *Rajtsá*, *Motsí*, *Matzá*, *Maror*, *Korej*, *Shulján Orej*, *Tsafún*, *Barej*, *Halel* y *Nirtsá*. A través de la meditación en estas fases y mediante las Diez *Sefirot* representadas en el Plato y las *Matzot*, podemos conectarnos con el poder de *Pésaj* siempre que cumplamos con dos condiciones. La primera, debemos asumir la paradoja cósmica interna: para recibir, antes tenemos que hacer restricción. La segunda condición es que cuando nos sentemos a la mesa del *Séder*, debemos entender el amplio significado cósmico que tiene *Pésaj*. En la noche del *Séder* es imprescindible tomar la decisión personal de que a partir de ese momento haremos todos los esfuerzos posibles por convertir la energía negativa dentro de nosotros en energía positiva. Para lograr esta transformación, debemos aprovechar cada oportunidad de restricción. Y para eliminar la negatividad dentro de nosotros, debemos llenarnos de Luz. Esto es, ni más ni menos, lo que les ocurre a aquellos que en la noche del *Séder* tienen la conciencia correcta.

1. Prestemos atención ahora al *Kidush*, la bendición del vino, y al *Kadesh*, la primera bendición del vino y el primer paso en el *Séder*. Esta bendición nos conecta con lo Sagrado (*Kedushá*) y con la completitud, con la armonía total y la vida sin fin. Usamos vino tinto porque tiene la capacidad de atraer la Luz y representa el Deseo de Recibir. Sin embargo, la forma en la que se realiza el *Kidush* impide que la Luz se acumule dentro de nosotros. Por el contrario, el *Kidush* crea un infinito flujo de Luz que pasa a través de nosotros, nos

nutre y continúa fluyendo, conectándonos en un círculo de energía con toda la Creación. Durante el *Séder*, bebemos vino cuatro veces en un total de cuatro copas. En este primer paso —el *Kadesh*— bebemos la primera copa, que nos nutre con la energía de la letra *Yud* y nos conecta con la *Sefirá*, la emanación de *Jojmá*.

2. *Urjats*. En este paso, el Cabeza de la mesa —únicamente esta persona— procede a lavarse las manos mientras medita que lo hace por todos los presentes. Utilizamos las manos para dar y recibir, para crear y destruir; a través de ellas revelamos la Luz en nuestras vidas. Pero como la negatividad siente atracción hacia cualquier revelación de Luz, ésta se adhiere a las puntas de nuestros dedos. El acto de lavarnos las manos con la energía de la misericordia (*Jésed*), que se transfiere al mundo físico a través del agua, neutraliza la influencia negativa. De esta manera se evita que la negatividad se aferre a la Luz que se revela durante la comida.

3. *Karpás*. Utilizando el perejil, nos conectamos a la *Sefirá* de *Jod*, la representación de la columna izquierda en el triángulo superior de *Zeir Anpín*. Mojamos el perejil en agua salada, que representa la conciencia positiva, con el fin de equilibrarla. La sal es un mineral importante en el sostenimiento de la vida, ya que su energía positiva puede también equilibrar el Deseo de Recibir en el pan. Del mismo modo, utilizamos la sal para equilibrar el perejil. Metemos el perejil en la sal, hacemos la bendición para los vegetales y lo comemos. La bendición (*Bore Pri Ha-adamá*) también incluye

las hierbas amargas que comemos más tarde en el *Séder*. Como ya sabemos, todo en el mundo tiene un aspecto físico y un aspecto espiritual. El aspecto físico está conectado con el Deseo de Recibir Sólo para sí Mismo. La conexión con el aspecto espiritual se logra con una herramienta espiritual: la bendición de la comida.

4. *Yajats*. El Cabeza de la mesa toma la *Matzá* del medio, llamada Levy, y la parte en dos. La *Matzá* del medio es la representación de la letra *Hei* del Tetragramatón, la *Sefirá* de *Biná*. La *Matzá* superior representa la letra *Yud* y la *Sefirá* de *Jojmá*. Y la *Matzá* inferior, la letra *Vav*, *Zeir Anpín*. Representamos a *Maljut*, el último *Hei* en el Tetragramatón, y completamos este sistema con nuestros cuerpos físicos.

La *Matzá* del medio está conectada con la letra *Hei*, que tiene dos partes: la letra *Dálet* y la letra *Vav*. Antes de partir la *Matzá*, la conectamos con la columna izquierda a través de la emanación de *Biná*. La conciencia de la *Matzá* ahora atraviesa otra transformación: la parte más pequeña de las dos será conectada con la letra *Dálet* y la palabra *Dal* ("pobre"). El Éxodo, que liberó al pueblo de Israel, no era algo que los Israelitas merecieran; ellos eran pobres tanto en el nivel espiritual como en el energético. No se ganaron este mérito por sus propias acciones. Por el contrario, Dios los bañó con su benevolencia y los liberó de la oscuridad. Contemplamos todo esto cuando miramos la parte pequeña de la *Matzá* del medio.

Partir la *Matzá* es como disgregar el átomo. Nuestros pensamientos acerca de la pobreza nos conectarán con los espacios vacíos del átomo, la porción no física que constituye la mayor parte de su volumen. El propósito de esta meditación es recordarnos que la Luz que recibimos en la noche del *Séder* y durante los siete días de *Pésaj* nos llega por la bondad del Creador y no por nuestros méritos propios. No merecemos ninguno de los beneficios de las festividades. ¿Acaso merecemos todo el conocimiento que se nos ha revelado, incluyendo las explicaciones de Rav Shimón y el Arí con respecto a la conciencia y el significado de los días festivos? ¿Cuál es la diferencia entre nosotros y todos aquellos que durante dos mil años no tuvieron la oportunidad de aprender estas cosas? Debemos recordar que no somos mejores que las demás generaciones; nosotros no nos ganamos este gran mérito. Todo lo que recibimos es por la misericordia de Dios.

Hemos aprendido un poco más acerca de la vida en Egipto y hemos abandonado totalmente la idea de que existió esclavitud en el sentido convencional de la palabra. Ahora entendemos que sólo había esclavitud del Deseo de Recibir Sólo para uno Mismo, del deseo físico, y que los Israelitas no tenían el deseo de irse. En la sección de *Bo* (*Libro del Éxodo*, capítulo 12, versículo 39) está escrito que "ya que al ser echados de Egipto", como si fuera necesario forzar a los presos a liberarse de una prisión. No te dejes confundir, los Israelitas llevaban una vida muy buena allí. La idea de que hubo esclavitud física ha sido una gran distracción del verdadero significado de *Pésaj*.

¿Por qué el mes de *Nisán* está controlado por el signo astrológico de Aries y el planeta Marte? ¿Por qué se llama a *Nisán* el "mes de la libertad"? ¿Y por qué necesitamos los signos astrológicos de fuego? Marte es un planeta de fuego y Aries es un signo de fuego. ¿Cuál es el sentido de esto?

Cuando se sacrificó el carnero, se mató para impedir que muriera de dolor. ¿Y qué hicieron los Israelitas después? Lo quemaron. Las personas del signo de Aries necesitan tener fuego bajo sus pies. ¿Por qué y para qué? ¡Éste es el secreto de la vida! Cuando el suelo quema bajo nuestros pies, no nos preocupan cosas como: "¿Me vieron todos? ¿Saben todos lo importante que soy?". Por el contrario, cuando de la pura supervivencia se trata, en esa situación todos somos iguales, sin ego alguno. Cuando los Israelitas mataron y quemaron el carnero, eliminaron el ego y corrigieron ese aspecto. Ésta acción es la clave para la libertad verdadera.

En *Las Puertas de la Meditación*, en el capítulo sobre *Pésaj*, el Arí explica que el exilio en la Diáspora es un movimiento de regreso desde el estado de manifestación hacia el estado potencial. Esto está conectado tanto con *Pésaj* como con el proceso del envejecimiento humano. ¿Por qué envejecemos? ¿En qué consiste el fenómeno de la vejez? La ciencia afirma que cada siete años se renuevan todas las células de nuestro cuerpo. Por lo tanto, si tenemos más de siete años, nada queda del cuerpo con el que nacimos, y este proceso se repite cada siete años. Pero al cumplir los 20 años de edad, el proceso de renovación se enlentece y se demora por interferencia de varios factores. Por lo tanto, este es el secreto del envejecimiento: no existe tal proceso; sólo existe el *efecto* del envejecimiento como resultado de la interferencia del proceso natural de rejuvenecimiento del cuerpo. Sin esta interferencia permaneceríamos jóvenes y sanos para siempre, y nuestros cuerpos físicos nunca envejecerían más allá de los siete años de edad.

Los científicos no comprenden el origen de la interferencia que deteriora el mecanismo de rejuvenecimiento, y por eso no saben cómo restaurar el funcionamiento correcto del mecanismo. Piensan que cuando las células viejas cumplen su ciclo, son reemplazadas por células nuevas. No comprenden que las células se renuevan cada siete años. La explicación del Arí está a punto de causar una revolución en la comunidad científica. Revelaremos el secreto de la Fuente de la Juventud, porque ¡eso es precisamente lo que ocurre en *Pésaj*!

En *Las Puertas de la Meditación*, el Arí pregunta: "¿Qué es el exilio en la Diáspora?". Él responde que, ante todo, es el regreso a la condición embrionaria, al estado potencial en el que todas las células aún no han sido diferenciadas. Éste es exactamente el lugar o el escenario en el que tiene lugar la interferencia en el mecanismo de rejuvenecimiento: se impide o previene que las células regresen a su estado embrionario, indiferenciado. En el proceso original, cada célula regresa cada siete años a su estado embrionario y se borra su identidad diferenciada. Pasa por una forma de limpieza y reconstrucción como si estuviera en un taller especial, y cuando emerge se renueva por completo y recobra su identidad de tejido.

El número de células del cuerpo humano no crece después del nacimiento. Durante nuestra vida, lo único que ocurre es la renovación: el retorno de las células a su estado embrionario. ¿Qué interfiere o impide que este proceso ocurra cada siete años? El Arí responde que la culpable es la energía negativa. Una célula cancerígena no es diferente a ninguna otra célula, sólo está impregnada de negatividad, está "atascada" y no puede regresar al estado embrionario para ser purificada y renovada. La cura para el cáncer y para cualquier otra enfermedad se encuentra en la festividad de *Pésaj*. La festividad dura siete días, reflejando las siete emanaciones inferiores, y durante estos días podemos ser limpiados de la negatividad. Sabemos que la negatividad se aferra a la revelación de la Luz, que ocurre en cada célula con una identidad de tejido individual. La eliminación del *Jamets* y de los sacrificios de *Pésaj*, junto con las combinaciones *Yud-Caf-Shin* יכש, *Yud-Lámed-Yud* ילי, y *Jet-Bet-Vav* ובח, la *mikve* y la conciencia del *Zóhar*, eliminan el ego y el Deseo de Recibir Sólo para sí Mismo. De esta manera, la negatividad desaparece de las células y en su ausencia podemos continuar el proceso de regresar al estado embrionario: la reconstrucción y la limpieza. Desde allí podremos conectarnos con la revelación renovada de Luz de *Zeir Anpín*, que se reveló durante el Gran *Shabat*, y regresar al estado en el que un alma saludable habita un cuerpo saludable.

Pésaj es la primavera, la renovación a través de la cual podemos desconectarnos de toda la negatividad. *Pésaj* es el momento para abrir una nueva página en el libro de nuestras vidas. Esto es exactamente lo que nos enseña la Kabbalah, una nueva conciencia. A partir de todo esto, podemos comprender que *Pésaj* no está conectada sólo con la tradición, y que el *Séder* no es simplemente una mera comida familiar elaborada. Con esto no objetamos las reuniones familiares agradables, pero no debemos olvidar la importancia verdadera de esta noche: el acontecimiento histórico que ocurrió hace 3.400 años, que tiene sus raíces en la Creación misma y que literalmente se repite cada año.

Rosh Jódesh Iyar
(TAURO)

El mes de *Iyar*, que corresponde al signo astrológico de Tauro, es el segundo mes del año.

Es importante recordar que cada luna nueva nos ofrece la oportunidad de conectarnos con una fuerza que se revela en el universo, a través de la cual podremos lograr el control y el orden en nuestras vidas. Esta capacidad no está limitada a unas pocas personas, todo el mundo puede utilizarla.

Podemos aprender sobre el aspecto interno del mes de *Iyar* en la sección *Ki Tisá* del Zóhar, que se ocupa del episodio del Becerro de Oro, momento en el que se originaron todos los problemas de los Israelitas.

En el versículo 21 está escrito: "Dijo Rav Jiyá: '...vemos que el exilio se hace largo, y sin embargo el hijo de David aún no ha llegado'".

Rav Yosi respondió que los Israelitas sobrevivieron al sufrimiento del exilio sólo en virtud de todas las promesas que les había hecho el Creador. Cuando ingresaban en las sinagogas y escuelas y aprendían acerca de todos los consuelos de los libros sagrados, sus corazones se llenaban de alegría y podían soportar cualquier cosa. Sin estos consuelos y promesas no habrían podido resistir.

La persona que entra en una sinagoga en cualquiera de los Centros de Kabbalah del mundo percibe inmediatamente la misericordia que el Creador tiene hacia todos los Israelitas; por eso la persona se vuelve más fuerte y segura de que no será afectada por nada de lo que ocurre en el mundo. Pero el Zóhar predijo que no todas las sinagogas revelarían el conocimiento de la Kabbalah ni la esencia interna de la *Torá*; por el contrario, predijo que algunas malinterpretarían versículos del texto y concluirían que no es importante arrepentirse hasta que el vaso del dolor esté lleno. Por eso fue inevitable que a algunas generaciones les resultara más difícil soportar el sufrimiento.

En el mes de *Iyar* hay una revelación tanto de destrucción como de sanación. Tal como está escrito en la sección de *Beshalaj*, tras la entrega de los 72 Nombres de Dios y la división del Mar Rojo: "Yo soy Dios, vuestro sanador". Por otro lado, en este mes, durante el *Conteo del Ómer*, 24.000

discípulos de Rav Akivá fueron asesinados. ¿Cómo podemos interpretar, pues, el significado del mes de *Iyar*?

La Kabbalah explica que todo tiene un aspecto positivo y uno negativo, y que tenemos la oportunidad de elegir cuál de esos aspectos queremos revelar. De acuerdo con Avraham el Patriarca, tal como está escrito en el *Libro de la Formación*, las letras arameas *Pei* פ y *Vav* ו son las responsables de todos los acontecimientos que ocurren en este mes. La letra *Pei* creó el planeta Venus, a través del cual el universo recibe la Luz del Creador en el mes de *Iyar*. La letra *Vav* creó el signo astrológico de Tauro, que prescribe la forma en la que esta Luz se revelará durante dicho mes. Las letras arameas controlan el universo desde el nivel de semilla. Al estudiar Kabbalah y conocer el poder de las letras arameas, adquirimos el potencial de obtener el control sobre el universo y el destino. De esto podemos concluir que debemos estudiar la astrología kabbalística a fin de entender el verdadero significado del versículo: "No hay suerte para Israel".

Una vela ilumina por igual todo aquello que la rodea, independientemente de que esté rodeada de luz o de oscuridad. Nosotros debemos comportarnos de la misma manera, diseminando la Luz independientemente de cuál sea el comportamiento de los que están a nuestro alrededor. Si deseamos mantener la conexión con el Árbol de la Vida, debemos difundir la Luz como si fuera un fósforo y revelar amor incondicional a todo el mundo, más allá de la forma en que ellos se comporten con nosotros. Cuando los Israelitas crearon el Becerro de Oro, estaban regidos por el Deseo de

Recibir Sólo para sí Mismos. Ésta es la razón por la que eligieron utilizar oro, que está conectado con la columna izquierda y con el Deseo de Recibir. Pero aquellos que desean seguir conectados con el Árbol de la Vida deben preocuparse por la energía de Compartir. Ésta crea una conexión con la chispa de la Luz que está dentro de nosotros y nutre el alma con la abundancia de los mundos superiores. Todo aquel que se mantenga ocupado compartiendo a partir de la conciencia de la Luz nunca sentirá ninguna carencia, así como una vela puede encender otras velas sin que su llama disminuya.

En la discusión del Zóhar acerca de *Ki Tisá*, Rav Yosi y Rav Abba coinciden en que no hay necesidad de esperar al Mesías, ni de esperar a que "se llene el vaso del dolor", ya que podemos arrepentirnos en cualquier momento. En otras palabras, es importante que cada persona haga uso del estudio de la Kabbalah, del Zóhar y de los 72 Nombres de Dios con el fin de cambiar y hacer restricción; éste es el verdadero significado del arrepentimiento. El Zóhar y las demás herramientas sagradas pueden abrir una ventana al mundo verdadero, una ventana a través de la cual podamos compartir con los demás y recibir la Luz. Cuanto más cambiemos y más avancemos en nuestro trabajo espiritual, más se abrirá la ventana, lo cual nos permitirá no sólo compartir más, sino también recibir Luz y bendiciones.

Ésta es la clave para salir de la esclavitud y traer la redención al mundo. El *Talmud* y el Zóhar coinciden en que, en última instancia, la destrucción del Templo Sagrado y el exilio que siguió, fueron causados por el odio sin razón y la envidia. En estas condiciones, que los Israelitas han soportado a lo largo de los últimos dos mil años, cada individuo se preocupa sólo por sí mismo y asume que nadie cuidará nunca de él. Y todos sabemos que esta forma de vida no funciona. Aunque la gente piense primero en sí misma, igualmente envejece y muere, y la pena, el sufrimiento y la enfermedad persisten en todo el mundo. La razón de esto es simple: la ventana al mundo verdadero permanece cerrada bajo llave. Mientras la ventana esté cerrada, no habrá realización de la Luz y las personas experimentarán carencia. Pero a través del arrepentimiento, tal como lo describe el Zóhar, podremos traer la redención al mundo, eliminar el caos, promover el dominio de la mente sobre la materia, lograr la resurrección y obtener la inmortalidad.

Leemos en el Zóhar:

> Después de la muerte de los dos hijos de Aarón, Rav Yitsjak abrió la discusión diciendo: "Sirvan a Hashem con temor y regocíjense temblorosos". También está escrito: "Sirvan a Hashem con felicidad: vayan ante Él con cánticos". Estos versos parecen contradecirse. Pero hemos aprendido que servir a Hashem con temor significa que primero uno debe mostrar temor y sobrecogimiento en cada acción que desee realizar ante su Señor. Como resultado de esta reverencia ante su Señor, merecerá servir con alegría los mandamientos de la *Torá*. Por lo

tanto, está escrito: "¿Qué requiere Hashem de vosotros sino el miedo? A través del temor lo merecerá todo".

Debemos recordar que la conciencia de cada palabra en arameo está codificada en todas las demás palabras que pueden escribirse con las mismas letras. Las letras que forman la palabra "miedo" יראה pueden también combinarse formando la palabra "visión" o "ver" ראיה. Así aprendemos que temer a Dios no es sólo tenerle miedo, sino también verlo. Si lo vemos podremos conocerlo y de esta manera mereceremos conectarnos con la Luz. Esta interpretación se reafirma cuando Rav Abba cita de la *Torá*: "El temor de Hashem es el génesis del conocimiento".

Para comprender la conciencia interna del mes de *Iyar*, leemos los versículos que tratan sobre las letras del mes en el *Libro de la Creación*: "Él coronó la letra *Pei* y ató la corona a su alrededor y formó en ella el planeta Venus en el mundo y el quinto día en el año y la fosa nasal derecha en el alma". Y también: "Coronó la letra *Vav* y ató la corona a su alrededor y formó con ella el toro en el mundo y el mes de *Iyar* en el año y la mano izquierda en el alma".

Vayamos ahora al tema de la sanación. Conforme a las enseñanzas kabbalísticas, y según lo expresado en el *Tikún Hanefesh* (ver Diagrama 6), el cuerpo humano tiene más centros de energía que los siete descritos en el modelo de *chakras* hindú. Todas las naciones del mundo recibieron este conocimiento de la misma fuente: Avraham el Patriarca. Sin embargo, la *Torá* nos dice que los hijos de las esclavas de Avraham recibieron regalos, pero que Isaac, el hijo de Sará, recibió todo lo que Avraham poseía. De esto podemos deducir que recibimos todo el conocimiento de Avraham a través de Isaac el Patriarca, y que las demás naciones recibieron un conocimiento parcial a través de los hijos de las esclavas que pasaron este conocimiento a las naciones del Lejano Oriente.

Sin embargo, tras la llegada del año 5760 (2000), el mundo entero descubrirá el poder de la Kabbalah y del *Tikún Hanefesh*. Todo el mundo lo utilizará como la base de la medicina y como una herramienta para eliminar del mundo toda manifestación del caos. El modelo de *chakras* está incluido en el *Tikún Hanefesh*, razón por la cual aquél nunca podría ser la descripción completa del cuerpo energético. En el modelo de *chakras*, por ejemplo, no hay especificación de todos los puntos de la cabeza, una especificación que es muy significativa.

Es importante enfatizar del tema de *Tikún Hanefesh* porque *Iyar* es el mes que revela el poder de la sanación espiritual, y la manera de conducir esta fuerza es utilizando el *Tikún Hanefesh*. Un kabbalista practica el *Tikún Hanefesh* cinco veces al día para asegurar la eficiencia de su sistema inmunológico y la protección espiritual contra cualquier aspecto del caos o la enfermedad.

Es importante que recordemos un principio que destaca Rav Shimón en el Zóhar: el conocimiento es la conexión. El único modo de conectarnos con el poder de la sanación revelado en el universo es a través de las meditaciones asociadas al *Tikún Hanefesh*. Sin estas meditaciones, por más que oremos por la sanación de la mañana a la noche, no lograremos nada. Aquellos que están conectados con el conocimiento kabbalístico verán los días del Mesías y la manifestación de la eliminación de la muerte para siempre. Por el contrario, las demás personas se enfrentarán con el juicio y el fin de toda la existencia.

Cada letra en el *Libro de la Creación* contiene información cósmica, tal como las ondas de radio sirven como conductos de información en las redes de comunicación inalámbricas. Avraham el Patriarca eligió llamar *Iyar* al segundo mes porque sabía que 400 años más tarde estaría escrito así en la sección de *Beshalaj*, en el versículo que dice: "Soy Dios, vuestro sanador". Esta energía sanadora nos ha sido transmitida a través de las letras *Pei* y *Vav*.

Tan simple como suena, ésta es la clave para eliminar el caos de nuestras vidas. Cuando buscamos una solución a un problema o la cura para una enfermedad, generalmente se nos pide que confiemos en teorías complicadas que sólo comprenden algunos científicos. Se nos dice que existe una alta probabilidad de que las teorías realmente proporcionen soluciones razonables a nuestros problemas. Sin embargo, en la Era de Acuario este enfoque ha tocado fondo. Hoy debemos exigir explicaciones claras y convincentes de todas las cosas y rechazar todo lo relacionado con probabilidades, pues "probabilidad" significa incertidumbre, y la incertidumbre significa caos, enfermedad y dificultades. Ningún modelo de probabilidades puede canalizar la Luz para eliminar la enfermedad y solucionar los inconvenientes que interfieren con nuestra rutina. Con el conocimiento de la Kabbalah seremos capaces, en el mes de *Iyar*, de inyectar en el cosmos energía sanadora con la fuerza suficiente para eliminar el caos del universo entero. La solución no se encuentra en un laboratorio. La solución existe en el universo, en el sistema espiritual que nos sostiene.

Lag BaÓmer
ANIVERSARIO DE LA MUERTE DE RAV SHIMÓN BAR YOJÁI

*L*a festividad conocida como *Lag BaÓmer*, que recae en el 33° día del *Ómer*, tiene lugar durante *Iyar*, el segundo mes del año, y se halla bajo la influencia total del *Conteo del Ómer*. Cuando Moshé sacó de Egipto a los Israelitas, ellos recibieron la libertad y la liberación sin ningún esfuerzo de su parte. Por eso se retiró la Luz de *Pésaj*, para darles (y darnos) la oportunidad de trabajar y ganarnos toda esa Luz que habíamos recibido gratuitamente. Este período de trabajo es lo que se conoce como el *Conteo del Ómer*. Durante 49 días, jornada tras jornada, tenemos la oportunidad de corregir una

Sefirá diferente. Siete días en cada semana, por siete semanas, es igual a 49. Esto nos conecta con las siete *Sefirot*, desde *Jésed* hasta *Maljut*.

Pocas personas celebran *Lag BaÓmer* en la actualidad, y menos aun son las que comprenden su significado. A lo largo de las generaciones, muchas atrocidades han sido relacionadas con los días del *Ómer*: la destrucción de los Templos Sagrados, la brutal masacre de 24.000 discípulos de Rav Akivá y el comienzo del Holocausto. El *Talmud* habla sobre la masacre y explica que a pesar de que los discípulos eran muy elevados y eruditos de la *Torá*, sus muertes se produjeron por su mutua falta de respeto. No eran capaces de vivir en unidad, amor y cuidado mutuo. Los discípulos de Rav Akivá no conocían el Zóhar. La Kabbalah enseña que la *Torá* es un código cósmico y que el Zóhar es la clave que puede utilizarse para descifrar el código. Sin clave no hay manera de penetrar y recibir el mensaje codificado en el interior de la *Torá*. Años después de esas 24.000 muertes, Rav Shimón recibió el Zóhar en una cueva en Pekiín; él afirmó que 2.000 años más tarde llegaría el día en que sería posible revelar públicamente el verdadero significado del código bíblico.

La idea de que *La Biblia* es un código moral es una ilusión. Los Diez Mandamientos no son diez leyes de comportamiento humano. El concepto de que las personas de bien nunca mienten ni roban simplemente no es real; ni siquiera fue real para las generaciones más inteligentes en la historia de la nación de Israel, los que estuvieron presentes en el acontecimiento del Monte Sinaí. El conocimiento que aquella generación tuvo a su disposición no será revelado nuevamente hasta los tiempos del Mesías. Pero aun con todo aquel conocimiento, tales generaciones no alcanzaron el nivel de espiritualidad que hubiera merecido su entrada a la Tierra de Israel. La Kabbalah enseña que la generación que vivirá en los tiempos del Mesías (nuestra generación actual, de acuerdo con Rav Avraham Azulai) está compuesta por las mismas almas que estuvieron presentes en el Monte Sinaí. Se les ha otorgado una segunda oportunidad de lograr el nivel espiritual necesario para traer al Mesías al mundo.

Cuando hablamos de las festividades no nos referimos a ninguna religión; en todo caso, estamos tratando con las leyes espirituales que forman la base sobre la cual existe el universo. Éste no es un sistema filosófico ni ético, sino la base sobre la que ha crecido toda la realidad física. La religión nunca ha logrado la paz mundial, beneficios, éxito ni salud. Los Diez Enunciados nunca impidieron los robos ni los asesinatos. Estos cambios sólo llegarán cuando sintamos la Luz en nuestras vidas. Por lo tanto, cuando hablamos de la festividad de *Lag BaÓmer*, debemos descartar todas las explicaciones religiosas que se han concebido hasta ahora.

Una razón que suele darse para esta festividad —y que todo tradicionalista conoce— es que en este día se detuvo la plaga que había afligido a los discípulos de Rav Akivá. El capítulo 25, versículos 7-9 de *Números* describe la plaga que sufrieron los Israelitas en el desierto cuando Zimri, hijo de Solá, el líder de la tribu de Shimón, cometió adulterio con una mujer de Midián, Cozby. Entonces un hombre llamado

Pinjás, hijo de Eleazar, hijo del sacerdote Aarón, tomó una lanza y atravesó mortalmente a Zimri y a Cozby. Esta acción puso fin a la plaga. Pero se intenta hacernos creer que la plaga se detuvo en *Lag BaÓmer*. La Kabbalah nos cuenta una historia diferente y más realista. Lograremos conectarnos con el significado esencial de *Lag BaÓmer* mediante el *Conteo del Ómer*.

Pero, ¿por qué contamos en ese período, y por qué se hace referencia a él como un tiempo de juicio y de energía negativa? La Luz que sacó a los Israelitas de Egipto se retiró después del 15° día del mes de *Nisán*; el 16° día de *Nisán* la oscuridad regresó para morar en todo el universo. Es por ello que durante los 49 días posteriores al *Séder de Pésaj* tenemos la oportunidad de trabajar espiritualmente para merecer la Luz del Mesías que se reveló durante el Éxodo de Egipto. Debemos conectarnos con la Luz de una forma precisa, sintonizando en todo momento el canal de comunicación con la frecuencia correcta de Luz.

Cada día hay una revelación de Luz relacionada con una *Sefirá* o emanación particular. El *Conteo del Ómer* es como un tipo especial de "software" que nos permite conectarnos con *Shavuot* así como con el "hardware" de la entrega de la *Torá*. El *Conteo del Ómer* fue creado para salvarnos de los obstáculos que abundan durante esos 49 días, pues nos brinda el "protocolo" para la comunicación sincronizada: el canal específico que nos permite disfrutar de satisfacción continua, aun en tiempos de juicio, como resultado de la afinidad entre la frecuencia de la vasija y la de la Luz, que cambia día a día. Cada alejamiento de la vasija de la frecuencia de la Luz impide la plenitud y crea un estado de inquietud y dificultad.

Ésta es la explicación técnica de la dualidad de este período, dualidad que también existió en la noche del Éxodo. Los egipcios fueron atacados por la plaga del primogénito, mientras que los Israelitas se salvaron. En el momento de la división de las aguas del Mar Rojo, los Israelitas caminaron sobre tierra seca mientras todos los egipcios se ahogaron. Ésta es la dualidad del universo. La misma fuerza puede traer vida o muerte, según la vasija que se exponga a ella. Si somos sabios, construimos la vasija correcta a tiempo y somos merecedores de la vida. Durante el *Conteo del Ómer* es aconsejable mantener las puertas cerradas con el objeto de impedir que entren fuerzas negativas. Cada comienzo genera una abertura y el tiempo del *Conteo del Ómer* es tan negativo que está prohibido casarse durante este periodo, así como comprar una casa o comenzar un nuevo negocio.

Sin embargo, en el 33º día del *Ómer* ocurre algo totalmente diferente: una energía inteligente y positiva, originada en la emanación de *Jod*, se transmite a todo el universo. Se trata de una energía similar a la de *Jésed* que hizo posible la división de las aguas del Mar Rojo. El período de juicio del *Ómer* termina en *Lag BaÓmer*. Los tradicionalistas dicen que Rav Shimón dejó este mundo ese día, motivo por el cual se convirtió en una festividad. Pero existen al menos dos razones para contradecir esta explicación: primero, la plaga entre los discípulos de Rav

Akivá se detuvo ese día pero muchos años antes de que Rav Shimón muriera; y segundo, cada acontecimiento en el mundo físico está vinculado con el efecto y no con la causa. Por lo tanto, podemos concluir que la plaga terminó y que años más tarde Rav Shimón eligió abandonar este mundo en el 33° día del *Ómer* debido a la energía especial que caracteriza ese día, y no a la inversa. Es importante comprender que ningún suceso en el mundo físico crea una festividad. Los acontecimientos materiales son siempre resultados y las festividades están conectadas con el terreno de las causas y, por lo tanto, con los sucesos cósmicos que tienen lugar en el reino espiritual de la realidad. El fruto está siempre incluido en la semilla. Rav Shimón eligió dejar este mundo en *Lag BaÓmer* en virtud de la energía cósmica que caracteriza este día cada año, cuando una Luz enorme se enciende en el universo y elimina toda la oscuridad. He aquí la razón por la que la plaga se detuvo en ese día.

El pensamiento crea la realidad. La física moderna ha adoptado esta manera de pensar, pero no ha encontrado una forma de usar ese conocimiento para controlar totalmente la materia. Hoy, en la era de la informática, en vez de fortalecer el poder del pensamiento, muchas personas renuncian al uso de esta poderosa herramienta en su cabeza y se contentan con su funcionamiento automático más elemental, sin libre elección. Sólo el pensamiento determina quiénes somos y qué lograremos en la vida. *Lag BaÓmer* es una festividad porque durante ese día la energía cósmica de pensamiento alcanza la cima de la perfección en el nivel de la semilla. La plaga que mató a los discípulos de Rav Akivá se detuvo porque el volumen de Luz venció la negatividad creada por el odio que existía entre los discípulos.

Al final del *Conteo del Ómer*, *Shavuot* se revela en el reino material. Como resultado de *Lag BaÓmer*, podemos conectarnos con *Shavuot* con mucha más facilidad. En cierto sentido, *Lag BaÓmer* es inseparable de *Shavuot*. Toda la Luz de *Shavuot* se revela, pero necesitamos elevarnos a una conciencia alternativa —una especie de elevación del alma— a fin de conectarnos con esa Luz. Nos estamos conectando con la energía que el Creador comparte con nosotros para beneficiar a Su creación. Y hacemos la conexión utilizando las meditaciones escritas por los kabbalistas. Sin embargo, rezar con un *Sidur* (libro de rezos que tiene todas las meditaciones) no es suficiente; también es necesario saber y comprender con qué nos estamos conectando. Si leemos y estudiamos y rezamos sin conocer el sentido de nuestros actos, no habremos creado ninguna conexión con la energía transmitida en el universo. En la noche de *Lag BaÓmer*, nos conectamos con la energía original de *Shavuot*, que es un nivel más alto que el disponible en la festividad misma de *Shavuot*.

Para crear esta conexión, leemos la sección del Zóhar titulada "La pequeña asamblea" o *Ha Idra Zuta Kadisha*.

Después de que Rav Shimón y Rav Eleazar salieron de la cueva en Pekiín, reunieron a ocho discípulos en una cueva en el camino entre Tsefat y Merón. Allí, Rav Shimón reveló por primera vez los secretos del Zóhar. En el Zóhar, este grupo de diez personas se conoce como "La gran asamblea" o la *Idra Raba*. Rav Shimón fue una reencarnación de Moshé y recibió el Zóhar al conectarse con las raíces de su alma: Moshé y Eliyahu el profeta. Durante el estudio del Zóhar en la *Idra Raba*, se reveló una Luz inmensa que causó que dos de los discípulos finalizaran su corrección y dejaran este mundo de una forma muy especial (descrita en el Zóhar). El pequeño grupo que quedó, formado por ocho personas, fue entonces llamado *Idra Zuta*, y con ellos Rav Shimón continuó la enseñanza del Zóhar.

En *Lag BaÓmer*, Rav Shimón hizo una invocación para que la Luz se revelara en el mundo y de esta manera pudo detener la plaga que afectaba a los 24.000 discípulos de Rav Akivá. Años más tarde, Rav Shimón eligió dejar este mundo exactamente el mismo día. En ese día invitó a seis de sus discípulos a una lección final descrita en la sección del Zóhar llamada "La pequeña asamblea", donde está escrito: "Y nos enteramos ese día de que Rav Shimón quería dejar este mundo y estaba arreglando sus cosas, todos los amigos se reunieron con Rav Shimón". En *La Puerta del Espíritu Santo*, Rav Isaac Luria explica que el día que una persona justa deja este mundo es una ocasión de felicidad. En ese día, una persona justa puede borrar por completo la energía negativa conectada a su cuerpo, y toda la energía positiva que esa persona justa ha manifestado a lo largo de su vida se reúne y revela.

Ésta es la única historia en *La Biblia* acerca de alguien que elige el día de su muerte. Pese a no estar a la altura de los

patriarcas y no ser vehículo de ninguna emanación, Rav
Shimón mereció elegir el día de su muerte. Pero, ¿por qué
eligió este día, cuando la nación de Israel más le necesitaba?
¿Por qué no murió al día siguiente? Rav Shimón supo por
anticipado que tendría que dejar este mundo cuando todavía
se encontraba en un perfecto estado de salud; él no quería
retirarse del mundo, pero fue informado de que debía
hacerlo. ¿Por qué? El Zóhar revela que la serpiente —el
Ángel de la Muerte, la personificación de la energía de
inteligencia negativa— se presentó ante el Creador con una
queja inusual. En el momento de la primera restricción, la
serpiente fue creada para otorgar a las personas el Libre
Albedrío: la capacidad de elegir entre el Deseo de Recibir
Sólo para sí Mismo y el Deseo de Recibir con el Propósito de
Compartir. "Ésa es la razón —dijo la serpiente— por la que
existo. Tengo muchas maneras de convencer a las personas
para que roben, mientan o maten. Este es mi trabajo desde el
principio de los tiempos. Pero últimamente ha ocurrido algo
excepcional: Rav Shimón me persigue. Todas las personas
huyen de mí excepto Rav Shimón. Él me persigue y me
obliga a huir de él. Sinceramente, no he encontrado ni un
lugar en el mundo donde pueda esconderme de él. Por lo
tanto, Creador, si no le pides a Rav Shimón que deje el
mundo, me veré obligada a hacerlo yo misma y la humanidad
perderá su Libre Albedrío antes de merecer al Mesías, antes
de terminar su corrección y antes de eliminar el Pan de la
Vergüenza que precedió a la restricción y a toda la
Creación". Entonces el Creador miró a Rav Shimón y le dijo:
"La revelación de Luz que has traído al mundo ha eliminado
por completo el elemento negativo del universo pero

también el Libre Albedrío de las personas. Por lo tanto, debes abandonar este mundo". Dado que Rav Shimón tenía que irse, eligió hacerlo en *Lag BaÓmer*.

Durante esa noche, la revelación de Luz alcanza su apogeo y se trasmite por todo el universo. *Lag BaÓmer* es paralelo a *Shavuot* (la Entrega de la *Torá*) pero en un nivel superior, porque en *Shavuot* el aspecto externo de la *Torá* se revela en el mundo material, mientras que en *Lag BaÓmer* recibimos el aspecto interno de la *Torá* y su alma, todo el potencial espiritual del mundo contenido en la *Torá*. Rav Shimón eligió abandonar este mundo ese día con el propósito de ayudarnos a realizar la conexión con esta energía superior. La *Torá* no nos revela el significado de *Lag BaÓmer*; fue Rav Shimón quien decidió darnos esta información esencial. Rav Shimón eligió reclutar toda la fuerza espiritual de este día, una tarea que sólo podía lograr el día de su muerte.

Tras la muerte de una persona, el cuerpo es enterrado porque la conciencia del cuerpo es similar a la de la tierra: el Deseo de Recibir Sólo para sí Mismo. Cuando el cuerpo se deteriora y desintegra, se unifica con la tierra que lo rodea, de manera que el proceso material expresa el proceso espiritual. En una persona justa, sin embargo, la conciencia corporal ha sido transformada. Una persona justa es alguien que controla con éxito su cuerpo con la conciencia del alma, alguien que logra neutralizar por completo el Deseo de Recibir Sólo para sí Mismo del cuerpo. No hay otra razón para combinarlo con la tierra. En estos casos, el cuerpo ya ha alcanzado el nivel del alma, y en consecuencia, no atraviesa el proceso de deterioro y descomposición que tiene lugar en el cuerpo de cualquier otra persona fallecida. En la mayoría de la gente, el alma alimenta al cuerpo y lo mantiene con vida, pero con la persona justa ocurre a la inversa: el cuerpo se convierte en esclavo del alma; el cuerpo anula su conciencia y se ocupa de servir al alma.

El Zóhar señala que cuando se entierra el cuerpo de una persona justa, éste permanece intacto como en vida; nunca se descompone en la tumba. Cada año, en el aniversario de sus muertes, todos los justos visitan su tumba, reconectan con sus cuerpos y revelan su Luz tal como fue revelada en el día de su muerte. Los justos preservan sus cuerpos en sus mausoleos para que nos resulte más fácil conectarnos con ellos. Si nos conectamos con un justo en el aniversario de su muerte, adquirimos un poco de su fortaleza y eliminamos la negatividad de nuestras vidas. Nuestro éxito en eliminar la negatividad vendrá determinado por la medida en que podamos conectarnos con la Luz. *Lag BaÓmer*, junto con la ayuda de Rav Shimón y con el conocimiento de todo lo que ha sido mencionado aquí, nos ayudan a conectarnos con una fuerza más fuerte que la revelada en *Shavuot*.

Tal como nos han explicado Rav Luria y Rav Shimón, *Lag BaÓmer* es un día de felicidad, pues nos brinda una excelente oportunidad para la corrección de karet al estudiar el Zóhar toda la noche. ¿Qué es karet y cuál es su origen? Karet ("amputado") significa separación de la Luz; cada pecado y cada acción negativa que realizamos, sea premeditada o accidental, nos aparta un poco de la Luz. Rav Isaac Luria nos enseña que estudiando la *Torá* y el Zóhar cada noche podemos reparar y reconectar los canales de comunicación. Esta acción de corrección es equivalente al arrepentimiento que realizamos durante el mes de *Tishrei*: regresamos en el tiempo al suceso negativo y corregimos lo que debe ser arreglado de raíz. Una corrección de karet es más efectiva cuando se realiza en un momento en el que la energía es especialmente positiva que cuando se practica en una noche en la que carecemos del apoyo cósmico. Es más, una corrección de karet realizada con un grupo de personas que meditan sobre lo mismo es aun más eficaz que la efectuada individualmente. Rav Shimón sugiere hacer la corrección en la noche de *Lag BaÓmer* porque en esa noche el *Conteo del Ómer* termina en el mundo superior. Es un momento en el que se revela el potencial espiritual completo encarnado en la *Torá*, y eso supone una gran revelación de Luz.

El resultado de *Lag BaÓmer* se evidencia en el mundo material después de dos semanas, en *Shavuot*. Entonces es posible "ver" espiritualmente de un extremo al otro del mundo, sin interrupciones. Podemos comprender y ver el futuro y no hay mayor bendición que ésa. Pero vivimos cada día en el mundo físico, no en el mundo infinito espiritual, y por esa razón Rav Shimón construyó un puente viviente para nosotros. El mismo Rav Shimón es el puente, porque igual que Moshé, por una parte se agarra al Árbol de la Vida y el Mundo Infinito, y por la otra, su cuerpo está enterrado en nuestro mundo. Dado que escogió dejar el mundo en *Lag BaÓmer*, Rav Shimón puede conectarse con su cuerpo en este día y por lo tanto ser un puente viviente para nosotros. A través de él, podemos elevar nuestra conciencia hasta el nivel cósmico de *Biná*, tal como podemos hacerlo durante el mes de *Tishrei*. Esta elevación crea en nosotros una base para el poder de la "eliminación de la muerte", que nos da un "seguro de vida" desde *Shavuot* hasta *Rosh Hashaná*.

En *Lag BaÓmer*, además de mencionar todas las cualidades de los justos, seguimos el camino preparado para nosotros por Rav Shimón y estudiamos el Zóhar, que es la mejor herramienta para la conexión espiritual.

Otra tradición asociada a *Lag BaÓmer* es el primer corte de cabello para los niños, que tiene lugar a los tres años de edad. ¿Cuál es el origen de esta tradición? Durante los tres primeros años de vida, el cráneo de un niño cambia y crece, pues la pequeña membrana entre los huesos aún no está consolidada. Al final del tercer año, la membrana se cierra y el cráneo se endurece. Este proceso físico expresa un cambio espiritual en el niño. Desde el nacimiento hasta los tres años, el niño está expuesto a la energía espiritual pura que emana de los mundos superiores. Para atraer esta energía espiritual pura, el niño utiliza su cabello como una antena que canaliza la energía hacia el lugar correcto mientras la aísla en el trayecto. Esta edad se caracteriza por una percepción totalmente diferente de la realidad, que los adultos suelen llamar "una imaginación fértil". A menudo los adultos no pueden comprender la lógica de los niños, pero nuestros sabios nos enseñan que desde la destrucción del Templo, el poder de la profecía ha sido otorgado a los locos y a los niños. En ambos grupos, la cortina entre el hombre y el mundo espiritual está en parte rasgada, dándoles acceso a un conocimiento oculto para el resto de los humanos.

A los tres años de edad, el niño pierde su conexión ininterrumpida con la fuente de la energía pura. ¿Por qué cortamos el cabello de los niños en *Lag BaÓmer*? Ese día, fundamentalmente con la ayuda de Rav Shimón, los niños pueden reconectarse con la fuente de la energía pura, pero esta vez la energía pasa a estar controlada. El cerrado de la cortina que cubre la energía espiritual en la cabeza se hace para revelar el potencial que existe en dicha energía.

El Zóhar describe qué le ocurrió a Rav Shimón en los mundos superiores. El Creador quería destruir el mundo y envió al Ángel de la Muerte en esa misión. Cuando el Ángel de la Muerte descendió al mundo, Rav Shimón lo interceptó en el camino y lo envió de regreso con un mensaje contradictorio: el mundo no debe ser destruido si se pueden encontrar en él a 30 personas justas. Rav Shimón se cercioró de que el Ángel de la Muerte informara al Creador que no había completado su misión porque Rav Shimón le había dado una orden diferente. Algún tiempo después, el Ángel de la Muerte regresó al mundo. De nuevo, Rav Shimón bloqueó su camino y le dijo: "¿Acaso no te pedí que fueras al mundo superior y no regresaras nunca más? Si regresas porque 30 personas justas no son suficientes para salvar al mundo, entonces exijo que regreses con el Creador y le digas que yo, Rav Shimón, estoy en el mundo y que eso es suficiente para sostenerlo entero e impedir que lo destruyas".

En efecto, el Ángel de la Muerte regresó junto al Creador, dio el mensaje de Rav Shimón y nunca más regresó. Es verdad que pueden ocurrir cosas negativas en el mundo como resultado de las acciones negativas de las personas, pero los justos pueden cancelarlas. Sólo Rav Shimón fue capaz de canalizar la suficiente energía de vida feliz al mundo como para anular la plaga, y es por eso que sólo él merece la conexión con *Lag BaÓmer* —el día de la inmensa Luz de la *Torá* interna en nuestro mundo, un día de felicidad cósmica— tanto en su muerte como en su vida.

El propósito de la Kabbalah no es sólo transmitir información; también es abrir los canales cósmicos necesarios para asegurar nuestro bienestar espiritual y físico a fin de que podamos cumplir con el propósito de nuestra existencia. Ni siquiera todo el poder de la ciencia ha logrado la unidad entre las personas, aun cuando es nuestro destino alcanzar la unidad. Tal vez nos parezca que un mundo separado y fragmentado es el orden natural y vigente, pero esto es una mera ilusión. Rav Shimón acercó una vez más a la humanidad al Acontecimiento de la Revelación para destruir la ilusión en este día poderoso de nuestro calendario cósmico.

Rosh Jódesh Siván
(GÉMINIS)

Uno de los problemas más difíciles de comprender para quien aprende o enseña Kabbalah es el fenómeno de las personas que se rebelan contra la ley cósmica conforme a la cual fue creado el mundo. Aun cuando reconocen el error que están cometiendo, hay quienes se resisten a romper viejos hábitos y a desarrollar otros nuevos y más positivos. Hasta pueden reconocer que el cambio es posible y beneficioso, pero aun así se niegan a implementarlo.

Podríamos visualizar los períodos de nuestra vida como una cadena de islas conectadas por puentes. Después de cada cambio llega un período de estabilidad temporal, como una isla que brinda una sensación de calma... pero sólo hasta el siguiente cambio, por supuesto. Estamos acostumbrados a este patrón y tendemos a creer que la vida es así. Nos parece que no tenemos control alguno sobre el caos intermitente que dirige nuestras vidas por senderos impredecibles.

En el mes de *Siván* (Géminis) celebramos la festividad de *Shavuot*. Para comprender el significado de esta festividad y este mes, primero leeremos algunas palabras del Zóhar y luego revelaremos la energía única del mes de *Siván*.

El Arí cita del Zóhar: "Y deberías saber que en esta noche (la noche de *Shavuot*), a todo aquel que no duerma ni siquiera un momento, y estudie la *Torá* toda la noche, se le asegura que completará su año y ningún mal caerá sobre él en este año".

Este pasaje es formidable. Lo que significa es que si somos cuidadosos y nos mantenemos despiertos todo el tiempo a fin de establecer una conexión espiritual en la noche de *Shavuot*, se nos asegura que no seremos forzados a abandonar este mundo, al menos hasta que termine el año. En la noche de *Shavuot* podemos conectarnos con el poder de la "eliminación de la muerte" en un nivel suficiente para cuatro meses. ¡Cuatro meses sin caos! Nada en el mundo, excepto el conocimiento de la Kabbalah, puede proporcionarnos semejante tesoro.

Para comprender mejor la conexión entre el mes de *Siván* y la festividad de *Shavuot*, regresemos por un momento a la noche de *Hoshaná Rabá*, que "sella" la festividad de *Sucot*. Después de la medianoche, podemos salir a comprobar nuestra sombra a la luz de la luna. Con esta comprobación podemos determinar si tenemos la energía vital suficiente para sustentarnos durante todo el año.

La luz de la luna en esa noche es diferente a cualquier otra fuente de luz en cualquier otro momento. La sombra que comprobamos se diferencia de la sombra que podamos tener en cualquier otro momento de nuestra vida. Es una sombra espiritual que indica la densidad de la energía de vida en cada área de nuestro cuerpo. Como una radiografía, esta sombra especial revela fallas internas en nuestro cuerpo; pero a diferencia de una radiografía, también revela el futuro. Esta sombra tiene un nombre especial: *Tselem* (*Tsel* צֵל en arameo es "sombra"; Tselem refiere a una imagen, específicamente, "a imagen de Dios"). Del Libro del Génesis aprendemos que *Tselem* צֶלֶם es también un "molde", una imagen. El hombre fue creado en el molde del Creador y a Su imagen, como una copia fiel al original.

El *Tselem* realmente representa una conciencia más que una forma física. La conciencia de *Tselem* es de unidad y armonía. Esta misma conciencia existe en todas las actividades fisiológicas y psicológicas del cuerpo en todo momento. Si una persona se lastima un dedo, inmediatamente todo el cuerpo se une en la tarea de reparar y sanar la herida. La atención, la posición del cuerpo, el nivel de actividad, la presión de la sangre y el pulso, el ritmo de la respiración, el ritmo metabólico, el suministro de oxígeno en el lugar de la herida... todos estos factores indican que cada célula del cuerpo está afectada por el acontecimiento y se enlista en el esfuerzo de la batalla. ¡Uno para todos y todos para uno!

A partir de la conciencia de *Tselem* podemos comprender que todas las personas en el mundo están unidas en el nivel espiritual, que la ciencia llama nivel cuántico. Todos fuimos creados a imagen y semejanza de Dios y tenemos una misión similar en este nivel: revelar la Luz en todo el universo. Todos somos responsables los unos de los otros y nos necesitamos mutuamente para alcanzar la corrección final y la redención del mundo. La conciencia de *Tselem* centra la identidad y el interés personal en una necesidad común. Ninguna célula en el cuerpo descansa hasta que la herida ha formado una protección. La identidad personal de cada célula recibe un sentido positivo: cada célula tiene talentos que pueden ayudar a lograr la misión general. Esta conciencia de unidad completa duplica la Luz, porque sólo en la Luz no hay separación.

Según el Arí, el mensaje y la conciencia del signo astrológico de Géminis en general, y de la festividad de *Shavuot* en particular, se concentran en un punto: *Tselem*. La conciencia de *Tselem* es aun superior que la conciencia de la inmortalidad. Se trata de una fuerza que puede armonizar y unificar todo en el universo, en cualquier nivel o aspecto. Reconocer esta fuerza e incluirla en nuestras actividades diarias puede revolucionar la calidad de vida en todo el mundo. Tales mejoras y cambios para bien en nuestros destinos son los objetivos que la Kabbalah plantea para nosotros.

Hasta cierto punto, el logro de estas metas está relacionado con la adquisición de conocimientos, pero este aspecto intelectual es secundario; es sólo el primer paso en nuestro camino hacia el objetivo: la manifestación de ideas y el logro del control de nuestro destino de forma que nos permita terminar nuestra corrección y completar el propósito de toda la Creación en cooperación total con el Creador. Porque no sólo deseamos mejorar nuestro propio destino, sino también el de toda la civilización. Luchamos por controlar el destino del universo entero.

El significado de la Fuerza de *Tselem* es una manifestación espiritual y física de la "teoría de campo unificada" en el nivel de la unificación completa con el Creador. La religión nos dice que oremos al Creador en momentos de dificultad. El *Tselem* dice que tú eres el Creador, que la fuerza del Creador está dentro de ti y que si la dejas fluir el milagro ocurrirá de inmediato.

Tselem es la fuerza vital que late dentro de todos nosotros, que nos da vida y la sostiene. Nuestra inteligencia nos confunde al hacernos pensar que cada uno de nosotros es esencialmente diferente y está separado de los demás. Ésta es una ilusión alimentada por el Oponente. El propósito de estudiar Kabbalah es hacernos regresar al origen de la Creación y conectarnos con la fuerza de *Tselem* que actúa dentro de nosotros y nos sostiene. Allí el camino contradice la lógica: Cree y entonces verás. No hay forma lógica de explicar cómo, aunque la realidad apunta a un amplio número de creaciones extrañas y diferentes: inanimadas, plantas, seres vivos y parlantes. Pese a ello, los físicos llegaron a la idea de la "teoría de campo unificada", una idea que aparentemente contradice todos los descubrimientos en el mundo físico.

Está escrito en la *Torá*, al final de la sección de *Bamidbar*, que para que los Levitas que custodiaban el Templo no murieran debían cumplir con una regla específica. La expresión común de esta regla es que tenían prohibido mirar directamente el Arca de la Alianza, y todo aquel que la desobedeciera moriría por efecto de la fuerza de la Luz. De ahí que existiera la instrucción de que el Arca debía estar siempre cubierta. Sin embargo, la *Torá* utiliza la palabra "tragar" en lugar de "mirar" o "ver", como si alguien pudiera intentar "comerse" el Arca. Es verdad que si trago agua o comida, al momento en que ingresen en mi cuerpo nadie podrá verlos. Pero, ¿por qué utilizar una expresión tan indirecta para expresar una idea tan simple? Hay una diferencia esencial entre algo que desaparece dentro de mí después de tragarlo y algo que cubro con una máscara o pañuelo. La máscara y el pañuelo permiten ver la forma del objeto cubierto. Por contraste, lo "tragado" desaparece y no puede identificarse su forma ni su existencia. La lección de la *Torá* expresa algo muy especial: cuando los Levitas cubrían el Arca, el Arca simplemente desaparecía, como por arte de magia. La cobertura era visible, pero era imposible reconocer la forma del objeto que permanecía oculto. ¿Por qué? Porque el Arca de la Alianza perdió su identidad separada y sólo permaneció su *Tselem*.

Después de ser cubierta, el Arca se expandió de la conciencia del 1% a la conciencia del 99%. El Arca regresó en realidad a su estado embrionario, de la misma forma que las células de un embrión no pueden ser identificadas al comienzo del embarazo y no podemos decir cuáles se desarrollarán formando el corazón y cuáles el hígado. Las células existen en realidad, pero su esencia es invisible. Esto nos enseña una lección importante: las células unificadas se desarrollan en tejidos clasificados, pero los tejidos nunca pierden el aspecto unificado a partir del cual se desarrollaron.

El *Tselem* está en todas partes y en todo. Todas las células del cuerpo son similares en un 99%. Ésa es la verdad. La especificación no es nada más que un efecto ilusorio. ¿Quién le dijo a una célula en particular que se desarrollara en un ojo y a otra que se volviera una oreja? Debe haber un aspecto espiritual más allá de lo físico que estableció esa realidad. Este aspecto es, precisamente, el *Tselem Elokim*. Cuando realmente amamos a las personas, nos identificamos con ellas; sentimos sus sentimientos como si fueran nuestros. Esta es la unidad del *Tselem*.

La separación del *Tselem* es lo que impide que hagamos milagros y que revelemos toda la Luz del Creador en el mundo. Esto es lo que nos enseña el Arí. En la noche de *Hoshaná Raba*, la luna ilumina sobre nosotros la fuerza del *Tselem*, con la que gobierna nuestro cuerpo físico. Con la ayuda del signo de Géminis y la festividad de *Shavuot*, podemos reprogramar nuestra conciencia e intercambiar la conciencia analítica e ilusoria por la conciencia real de *Tselem*. De esta manera, el espíritu regirá sobre la materia, materializaremos la Luz dentro de nosotros y lograremos control sobre el destino del universo.

Si existe enfermedad o deficiencia alguna en el cuerpo, el *Tselem* puede sanarla. La expresión física más cercana al *Tselem* sería la del ADN en el núcleo de las células. Teniendo en cuenta que el ADN duplica las células permitiendo que cualquier herida sane y que todas las células puedan ser reemplazadas cada siete años, ¿por qué no puede decirle al cuerpo de un amputado que desarrolle una nueva pierna? Desde un punto de vista fisiológico, esto es posible. La infraestructura física existe; sólo la duda y la conciencia negativa impiden que milagros de esta clase ocurran cotidianamente.

Desde una perspectiva biológica, un brazo amputado puede crecer nuevamente de la misma manera que las uñas o el cabello. Hasta los siete años de edad, todos los átomos en el cuerpo de un niño se renuevan. El cuerpo que tenemos en este momento no es el mismo cuerpo físico con el que nacimos, ni siquiera el cuerpo que utilizamos diez años atrás. Los médicos saben esto, pero lo mantienen en secreto, de la misma forma que los kabbalistas mantuvieron su sabiduría en secreto. De hecho, este conocimiento está documentado en revistas médicas y se anuncia en seminarios profesionales, pero nadie sabe qué hacer con él o cómo utilizarlo en beneficio de la humanidad.

¿Cómo es posible que las células del cuerpo se unan en menos de un segundo para ayudar a sanar un pequeño corte en el dedo y que tengan lugar millones de acciones bioquímicas para sanar la herida? Si recuerdan la respuesta a esta pregunta, han recibido el 99% de la habilidad de conectarse con su esencia interior: tiene que haber una esencia divina dentro de nosotros que cause esto. Una vez comprendido este hecho básico, comenzaremos a permitir que el *Tselem* influya en todos los aspectos de nuestra vida cotidiana. El mes de *Siván* nos brinda la mejor oportunidad de cultivar este entendimiento.

El signo astrológico de este mes es Géminis, que es la clave de la energía que controla el mes de *Siván* en todo el universo. Géminis —que está representado por los gemelos, como los dos ángeles del Arca— representa los dos aspectos que existen en cada cosa y expresa la unidad de las diferencias, la conciencia del *Tselem*. La única razón por la que tratamos a los demás como a individuos separados de nosotros es la conciencia ilusoria que controla el lado negativo.

Cuando un amigo o un miembro de la familia está en problemas, corremos en su ayuda como si fuera parte de nosotros, no un extraño. Hacemos un esfuerzo por él o ella igual que lo haríamos por nosotros mismos si estuviéramos en su lugar. De la misma manera debemos abordar la idea de las "almas gemelas". No se trata sólo de dos personas que actúan en armonía, sino de dos partes de un alma que han encontrado el camino hacia el otro, tal como el Arí describe en *La puerta de la reencarnación*. Un alma fue separada en una parte femenina y otra masculina, y estas partes se reencarnaron como un bebe niño y un bebe niña que vinieron a este mundo. Cuando maduraron, se encontraron y se reunieron en el matrimonio. Del mismo modo, podemos decir que el dedo herido fue separado de la cabeza y del corazón y del hígado durante el desarrollo del embrión en el útero, pero que en esencia todavía son uno. La conciencia de *Tselem* nos permite elevarnos sobre la ilusión de la separación.

Con el apoyo de esta actitud, no hay necesidad de acudir al Creador en busca de ayuda; podemos unirnos con Él. Cuando nos convertimos en el Creador, podemos crear cualquier milagro que necesitemos. Pero una vez que logremos este nivel, ¿qué nos queda por hacer en el mundo de los vivos? Hay una prueba más por pasar: el examen de la certeza. Cada día Satán nos pondrá a prueba con exámenes diferentes; nos confrontará con desafíos predecibles e impredecibles; nos proporcionará razones para enojarnos, para rendirnos, para ver la separación. Pero nosotros podemos continuar elevándonos por encima de todas las ilusiones, confiando en que la Luz nos unirá con el Creador y creando soluciones para todos los problemas ilusorios. Podemos ordenar que el auto se encienda y maneje, tal como esperaríamos que Dios lo hiciera. Podemos dividir las aguas del Mar Rojo. La Kabbalah nos enseña que no fue Dios quien dividió el Mar Rojo; lo hicieron las personas utilizando la conciencia correcta, con los 72 Nombres de Dios y con la Luz que canalizaron al mundo. El *Tselem* es capaz de coordinar millones de actividades en el cuerpo porque tiene certeza con respecto a la Luz.

Nuestra prueba consiste en estar en unidad con el vecino desagradable, con el cobrador de impuestos, con el gerente del banco que hizo que nuestro cheque rebotara, con el jefe estricto y desconsiderado. Sólo aquel que sea capaz de superar todas estas pruebas merecerá ver la revelación de la Luz en todas partes y todos los momentos de su vida.

Si el automóvil no arranca, no significa que la Kabbalah no funciona, sino que no nos conectamos con la Luz en el nivel necesario de certeza y, por lo tanto, no fuimos capaces de hacerlo arrancar. Podemos ordenar que una enfermedad abandone nuestro cuerpo porque es nuestro territorio. El nivel de éxito que tengamos depende de nuestro nivel de certeza en la Luz. El sexto día de *Siván*, *Shavuot*, nos brinda la oportunidad de conectarnos con la conciencia de la certeza y la unidad necesaria para revelar todas las capas de la realidad. Lo mismo hace la *Torá*. La *Torá* es sólo el ropaje, la ilusión, del mensaje de Dios. Sólo al aprender e implementar la Kabbalah en nuestra vida cotidiana podremos conectarnos con la Luz y revelar la realidad verdadera y completa.

En el Monte Sinaí, todas las naciones recibieron la *Torá* y los Diez Enunciados, pero cada nación los recibió en su lenguaje. Sólo los Israelitas recibieron la *Torá* en arameo, con la ayuda de las letras del mes, *Reish* ר y *Zain* ז, canales de comunicación que nos conectan con la luz que existe en la *Torá* interna. Las demás naciones del mundo recibieron un mensaje más débil, a través de los velos del mundo ilusorio, comprendido en lenguajes diferentes.

Ésta es la razón por la que fueron separados de la Luz y por lo tanto no se les pidió que aceptaran condiciones severas para su supervivencia durante la revelación. Las naciones del mundo estaban a salvo del excedente de Luz debido a los velos cotidianos de la conciencia terrenal, el deseo final y limitado, y un lenguaje distinto al hebreo. El mensaje es simple: el secreto de la vida es la conexión con la Luz. El secreto del éxito en el mundo reside en la capacidad de conectarnos con la fuerza de Luz del Creador y canalizarla a través de nosotros. Sólo en un mes con esta conciencia puede ser revelada la *Torá*.

Shavuot

*E*l verdadero significado de *Shavuot* se ha perdido y olvidado. Durante las festividades en el mes de *Tishrei*, vemos que los fieles visitan las sinagogas, pero *Shavuot* es una festividad olvidada. Nadie recuerda ni comprende hoy en día la razón por la que el Creador entregó la *Torá* en el monte Sinaí hace 3.400 años.

Debemos luchar contra el hecho indiscutible de que las personas aceptan la forma de vida que se les ha impuesto. Percibimos que hay una cadena predeterminada de acontecimientos, una que encontramos muy difícil de cambiar. A nuestro alrededor ocurren cambios inesperados. Entramos en un nuevo estado cuando el anterior finaliza. Sin embargo, estos cambios ocurren de forma independiente a nuestras intenciones, y nosotros no tenemos voz ni voto en ellos. Aceptamos los cambios y aceptamos el hecho de que son necesarios. Hay ciertos cambios en la vida que sí esperamos, como un *Bar* o un *Bat Mitzvá* (cuando los niños cumplen los 13 años y las niñas los 12), que ocurren en un momento determinado y suelen estar acompañados por cambios biológicos y psicológicos, pero que no indican necesariamente que haya habido un cambio verdadero en la persona. ¿Podemos reconocer que ha habido un cambio en la persona? ¿Tienen algún significado estos momentos para nosotros? ¿Pueden modificarse? Estas son preguntas que nadie se hace. Nuestra dificultad reside en asumir un papel más activo en la creación de nuestras vidas.

El Zóhar nos enseña que cada noche de *Shavuot*, Rav Shimón y sus discípulos se mantenían despiertos estudiando la *Torá*. En Israel, *Shavuot* se celebra durante un solo día, y fuera de Israel, durante dos. Pero, ¿en qué consiste exactamente la observancia de esta festividad? En opinión de Rav Brandwein (mi maestro), el hecho de que muchos ignoren *Shavuot* es una prueba de su importancia. Si no fuera una festividad tan importante, el lado negativo no se habría tomado la molestia de desviar de ella nuestra atención.

Las personas han dejado de darle importancia al evento del Monte Sinaí porque lo consideran parte de la tradición religiosa. Y la tradición tiene una única finalidad: conmemorar acontecimientos del pasado. Sin embargo, la celebración de un acontecimiento ocurrido 3.400 años atrás no tendría sentido si éste no tuviera una conexión directa e inmediata con nuestra vida actual. Precisamente por ese motivo, Rav Shimón —y 1.500 años más tarde, el Arí— explica el significado de esta festividad en términos modernos. En efecto, Rav Shimón dice que cada año en *Shavuot* podemos adquirir un "seguro de vida". Nada puede afligir al asegurado. ¡Ninguna compañía aseguradora humana podría prestar semejante servicio a sus clientes! Pero si Rav Shimón no hubiera afirmado esto con tanta claridad (introducción al Zóhar, volumen 1, página 148, versículo 150), nadie creería que algo así es posible. Todo aquel que realice la conexión espiritual correcta en *Shavuot* estará asegurado: no morirá ni se lastimará al menos hasta la siguiente celebración de *Rosh Hashaná*. En un mundo donde las personas no saben qué les pasará mañana, el tipo de seguro que Rav Shimón nos ofrece no tiene precio. Esto permite entender por qué *Shavuot* no se celebra en función del respeto hacia una tradición religiosa o histórica, sino por puro interés en nosotros mismos.

El Arí cita del Zóhar: "Y sepan que a todos aquellos que no duerman en absoluto en esta noche (la noche de *Shavuot*), ni siquiera por un minuto, y estudien la *Torá* toda la noche, se les promete que completarán el año y que no sufrirán ningún daño durante ese tiempo". Esta increíble sección del Zóhar nos dice que si seguimos esta instrucción estricta con respecto a la conexión espiritual en la noche de *Shavuot*, se nos promete que nada malo nos ocurrirá y que no tendremos que dejar este mundo, al menos hasta el fin de ese año. En la noche de *Shavuot* podemos conectarnos con la fuerza de la "eliminación de la muerte" en un grado suficiente como para que dure cuatro meses. ¡Cuatro meses sin caos! ¡Nada en este mundo, excepto el conocimiento de la Kabbalah, puede proporcionarnos semejante beneficio!

¿Pero qué ocurrió en el Monte Sinaí hace 3.400 años? ¿Cuál es el secreto de este maravilloso acontecimiento? En el Monte Sinaí, todas las naciones del mundo recibieron la *Torá* y los Diez Enunciados. Sabemos por el *Midrash* que antes de que la *Torá* les fuera entregada a los Israelitas, el Creador la ofreció a todas las naciones del mundo, y todas se negaron a aceptarla. Los comentaristas explican que el Creador ofreció primero la *Torá* a otras naciones porque llegará el día en que las demás naciones lamentarán haberse negado a aceptarla. Y cuando llegue ese día, se dirigirán al Creador y le preguntarán: "¿Por qué no nos diste la *Torá*?"; y el Creador les dará la respuesta que preparó hace 3.400 años: "Fui a ustedes primero, pero rechazaron mi oferta". De acuerdo con la tradición, cuando el Creador se dirigió a los Israelitas, ellos respondieron: "Lo haremos y escucharemos". Sin embargo, el *Talmud* describe el episodio de una manera diferente y menos idealista. Según el *Talmud*, el Creador dio a los Israelitas un ultimátum. Elevó el Monte Sinaí en el aire, reunió a los Israelitas en el cráter que quedó en su lugar y les dijo: "O aceptan la *Torá* o éste será el lugar de su entierro". Bajo estas circunstancias, los Israelitas dijeron lo que cualquier persona habría dicho: "Lo haremos y escucharemos". Pero hoy, como en el pasado, la mayoría de la gente no se conmueve con la *Torá*. ¿Cuál es entonces el sentido de celebrar *Shavuot*?

¿Por qué se entregó la *Torá* en ese día específico? No es una coincidencia. *Shavuot* es el único día del año que es perfecto para esta misión. El Zóhar revela que elegir el momento adecuado para hacer algo es decisivo en nuestro mundo, y que ello determina si una persona será rica o pobre, enferma o sana, paciente o intolerante. Llevar a cabo una acción en el momento justo generará éxito aun cuando la realice un ser estúpido, del mismo modo que si se realiza en el momento negativo o inadecuado, aun un genio estará destinado a fallar. En la festividad de *Shavuot* y en el acontecimiento de la entrega de la *Torá*, el Creador nos dio una oportunidad muy especial, que requería de unas condiciones energéticas previas muy específicas, condiciones que sólo ocurren en el 6º día del mes de *Siván*.

Únicamente durante el mes gobernado por esta energía podía revelarse la *Torá*. Cada mes, la Luz del Creador encarnada en la *Torá* se revela en el mundo, pero la revelación se canaliza a través de aspectos negativos de separación y diferenciación. Durante cualquier otro mes hubiéramos considerado los Diez Enunciados como leyes, como mandamientos que dictan que no robarás, no matarás, etc. Sólo en el mes de *Siván* podemos comprender las claves para elevar nuestra conciencia con la verdad interior. No dañarás a tu prójimo, no porque sea la ley, sino porque el otro es parte de ti. Los Diez Enunciados no describen un orden social perfecto ni una especie de utopía, sino el resultado de estar en la conciencia correcta. Al conectarnos con la Luz, no habrá necesidad de que un juez, un legislador o un agente de policía nos obliguen a seguir las leyes impuestas desde afuera.

En *Shavuot* podemos conectarnos con la inmortalidad. El Zóhar afirma que en el Monte Sinaí, durante la entrega de la *Torá*, tuvo lugar la "eliminación de la muerte". En ese acontecimiento se concluyó la corrección y se logró la liberación del Ángel de la Muerte: la liberación del caos y de cualquier manifestación de la conciencia de Satán en el mundo. Esta liberación fue resultado de la iluminación del mundo entero con la Luz del Creador, una Luz de vida y perfección. Y tal iluminación permitió que cada persona viera más allá del tiempo y el espacio, del principio al fin del mundo, y lograra control y certeza completa con respecto a todos los aspectos de su vida, incluyendo los acontecimientos futuros. La revelación de *Shavuot* abarcó no sólo los Diez Enunciados, sino también la energía vital en una magnitud tal que anuló por completo la conciencia de la muerte. Y como no hay carencia en el reino espiritual, la energía no desaparece. Así pues, lo que ocurrió una vez en el monte Sinaí debe suceder cada año en el universo entero en el 6º día de *Siván*.

Si aceptamos el consejo de Rav Shimón y el Arí, podremos conectarnos con esta formidable energía vital. No obstante, hay una forma muy específica de establecer dicha conexión: la Luz debe ser atraída mientras se practica la restricción. Los Diez Enunciados nos enseñan cómo practicar la restricción en nuestras vidas. Todo aquel que sea expuesto a la formidable Luz de *Shavuot* sin una vasija espiritual apropiada, se quemará. Éste fue el mensaje que el Creador expresó al pueblo cuando le forzó a aceptar la *Torá*. Cuando esa Luz extraordinaria se revele en el mundo, o bien conectas con ella a través de la conciencia que explica la *Torá* y obtienes la vida eterna y el final del proceso de corrección, o bien esa gran Luz te quemará. No se trata aquí de un castigo, sino del resultado físico de la falta de compatibilidad entre la vasija y la Luz, tal como un electrodoméstico fabricado para conducir 110 w de electricidad se quemaría si se lo alimentara con 220 w sin descuentos, reducciones ni excepciones.

Durante el Éxodo de Egipto, la nación Israelita era sólo un potencial. Cuando los Israelitas dijeron: "Lo haremos", crearon una nueva situación. En el nivel individual, las vasijas espirituales se volvieron compatibles al revelar y conectarse con los Diez Enunciados; al aprender cómo se practica la restricción. Pero este concepto también se estableció en el nivel cósmico. En el 6º día de *Siván* todo el universo es capaz de recibir la energía del sol sin quemarse. Durante la entrega de la *Torá* en el Monte Sinaí, fuimos protegidos por la energía cósmica de la abundancia de Luz revelada por el Creador en el mundo.

Los Israelitas se transformaron en los canales de esta fuerza de Luz asombrosa con el fin de brindar un "servicio comunitario" al universo. De acuerdo con el Zóhar, se supone que los Israelitas canalizan la Luz de la Creación y la trasmiten a toda la humanidad. Si hay enfermedad en el mundo, si hay guerra, si la pintura se está descascarando en cualquier edificio del planeta, es sólo por una razón: los Israelitas no hicieron bien su función de transferir suficiente Luz al mundo.

Para completar con éxito su misión, los Israelitas recibieron herramientas: una antena central para atraer la

Luz y canales inteligentes de comunicación para propagarla. La antena es la Tierra de Israel y los canales de comunicación son las letras del alfabeto arameo. No hay otro motivo del uso del idioma arameo o de que los Israelitas vivan en Israel. No es por mérito de sus padres que están allí, sino por deber de los hijos en cada generación. Israel no es un territorio sino una herramienta para las conexiones espirituales. Quien no está conectado con la esencia espiritual de Israel, quien no hace las conexiones espirituales por todo el mundo entero en cada plegaria, entra vacío a la sinagoga y sale como una vasija vacía. Rav Shimón Bar Yojái, que ciertamente no era un antisemita ni un anti-israelita, dijo esto hace 2.000 años. Una conexión espiritual con Israel hace posible que podamos atraer abundancia espiritual al mundo, aun cuando vivamos físicamente en un país diferente.

En el evento de la Revelación, no recibimos diez mandamientos, sino diez niveles de Luz, salud, amor, continuidad y seguridad. Pero en aquel momento no pudimos contener la Luz y revelarla en nuestras vidas cotidianas. La Luz estaba en estado potencial. Se podría decir que en la Revelación recibimos una batería eléctrica. Después de 40 días, Moshé descendió sujetando en sus manos una bombilla de Luz, un objeto que podía revelar el potencial en aquella batería. La *Torá* y las tablas de piedra son los dispositivos físicos con los que podemos revelar la Luz del Creador en el mundo.

Cuando los Israelitas construyeron el Becerro de Oro, asumieron que Moshé sería el intermediario entre ellos y la

Luz. No buscaban un reemplazo de Dios, como generalmente se asegura, sino más bien un reemplazo de la *Torá*: un electrodoméstico espiritual diferente para contener y revelar la Luz potencial recibida en *Shavuot*. La Luz revelada en el Monte Sinaí es la misma Luz que será revelada en los tiempos del Mesías en la Era de Acuario. Debemos aprender a optimizar esta energía y a cuidarla, o de lo contrario podría causar un gran desastre —Dios no lo permita— que puede afectarnos a todos.

Con el uso de las herramientas correctas podemos lograr un flujo equilibrado de abundancia. Así, estudiando la *Torá* y el *Zóhar* durante toda la noche de *Shavuot*, nos conectamos con el canal que atrae hacia nosotros, de forma controlada, la plenitud espiritual que fue revelada en el Monte Sinaí, de la misma forma en que Moshé recibió allí, en esos 40 días, el rollo original de la *Torá*. De esta manera, somos nutridos por una fuerza vital que aparta de nosotros al Ángel de la Muerte y toda manifestación del caos, por lo menos hasta el año siguiente.

Esto es lo que Rav Shimón nos enseña. Lamentablemente, los Israelitas no esperaron a Moshé y perdieron la oportunidad de completar la corrección de la humanidad. Sin embargo, cada año en *Shavuot* tenemos la posibilidad de corregir parte de ese error histórico. Rav Shimón sugiere que nos "mantengamos ocupados" con la *Torá* toda esa noche. La religión convencional nos dice que deberíamos mantenernos despiertos en *Shavuot* para no repetir el error de los Israelitas, que durmieron durante aquella noche. ¿Encuentras este argumento convincente? Es un argumento negativo que nos dice que no repitamos un error. En realidad, "mantenernos ocupados" en la *Torá* significa invertir el mismo esfuerzo que una persona pone en su carrera o su negocio, donde trabaja duro desde la mañana hasta la noche. Por lo tanto, deberíamos considerar la *Torá* desde un punto de vista práctico y útil, tal como vemos un negocio como una tarea práctica y útil. Debemos poner en uso la *Torá* en nuestra vida cotidiana. Pero, ¿cómo podemos usar la *Torá*? Sólo junto con la sabiduría de la Kabbalah; de otra manera, la *Torá* es sólo un libro que sólo unos pocos seleccionados están dispuestos a estudiar. Las personas no pueden conectarse con la *Torá* mientras no practiquen la Kabbalah en sus vidas. Sólo la Kabbalah enseña que existe una razón práctica y positiva para estudiar la *Torá*, que es inyectar Luz al mundo entero y a nosotros mismos haciendo uso del poder de las letras arameas y del sistema de comunicación de la Kabbalah.

Las combinaciones de las letras arameas empleadas para escribir los Diez Enunciados son un canal de comunicación que transmite la eliminación de la muerte y la Luz del Creador. Éste es el secreto principal de los Diez Enunciados; el contenido del texto es secundario en importancia. Si alguien quiere reconectarse con su yo espiritual, automáticamente comprende "no matarás", pues nunca se haría eso a sí mismo. Sólo podríamos quitar la vida a otro si existiéramos en la separación. Por eso el mandato es secundario; nunca fue el propósito real.

Hace 400 años, Rav Avraham Azulai dijo que el decreto de la prohibición había sido levantado y que era posible estudiar libremente la Kabbalah. Esto significa que había cambiado el nivel de restricción en el mundo. Si hasta hace 400 años era posible revelar un 5% de la capacidad de la Luz, ahora es posible revelar mucho más sin temor, con la condición de que practiquemos la restricción correspondiente. No somos mejores que los Israelitas que vivieron hace cuatro siglos. Aun cuando Rav Avraham Azulai reveló que la Kabbalah podía estudiarse libremente, las personas no emprendieron de inmediato el estudio del Zóhar. Sin embargo hoy, en los tiempos del Mesías, la Luz no se detiene a pedir permiso; rompe cualquier barrera y se revela. La Luz está afirmando su intención de ser revelada pronto en todos los lugares donde no fue revelada antes. Vivimos en los tiempos del Mesías y todo aquel que aprecie su vida debería prepararse para la revelación de Luz que, se espera inunde el mundo en cualquier momento. Éste es el significado práctico de la afirmación de Rav Avraham Azulai acerca de la anulación del decreto. La Luz ya está aquí y va a ser revelada en cantidad, forma y circunstancias que están más allá de nuestro control.

El Arí dice que la festividad de *Shavuot* tiene lugar siete semanas después de *Pésaj* no porque así esté escrito en la *Torá*, sino porque *Shavuot* es el resultado de la actividad llevada a cabo en el mundo espiritual. Nada en el mundo físico puede ser causa de algo. La *Torá* no es otra cosa que una herramienta física que contiene Luz de forma codificada. Necesitamos la *Torá* por la misma razón que necesitamos nuestro cuerpo físico: para revelar la Luz en el mundo material. Durante *Shavuot*, la Luz se revela con una fuerza tan tremenda, que para prepararnos necesitamos hacer el *Conteo del Ómer*. De acuerdo con todas las meditaciones kabbalísticas, contamos el *Ómer* a fin de construir una vasija que nos permitirá manejar con éxito la revelación de *Shavuot*. No necesitamos nada más. El Creador quiere bendecir a toda su Creación.

Otra conexión kabbalística es hacer *Kidush* después de los Rezos de la Mañana e ingerir luego una comida a base de lácteos. Esto es algo que sólo se realiza en *Shavuot*, cuando *Maljut* alcanza y toca el *Kéter* de *Zeir Anpín*. Eso implica un gran salto hacia el futuro. Al tocar el punto de origen, podemos alcanzar el futuro y lograr la eliminación de la muerte para siempre. Esta energía es equivalente a la energía de la leche, que está conectada con la columna derecha: la emanación de *Jésed* (misericordia), nacimiento y fuerza vital que emerge y se realiza en el mundo. Al ingerir productos lácteos, efectuamos una acción física que nos conecta con los acontecimientos de *Shavuot* en los mundos superiores. Del mismo modo que al pulsar el interruptor encendemos la luz de la habitación, al ingerir la comida a base de lácteos atraemos la energía de *Shavuot* a nuestras vidas. Es difícil creer que por comer una tarta de queso y beber leche con chocolate se nos ofrezca una porción de vida hasta fin de año, pero ésta es la ley natural del universo: cada acción física, incluso la más pequeña, despierta acciones similares en el mundo espiritual. Y estas acciones, cuando se realizan en el momento apropiado, pueden lograr grandes resultados.

Hay una conexión entre *Shavuot* y *Lag BaÓmer*, pues
en ambas fechas podemos recibir inmensas dosis de energía
de vida. Ya hemos visto que en *Lag BaÓmer* el requisito es
muy simple: debemos leer el Zóhar durante toda la noche.
En *Shavuot*, aunque también es sencillo, hay que seguir
algunas instrucciones específicas. Para conectarnos con el
Kéter de *Zeir Anpín* y eliminar la muerte en nuestras vidas,
debemos leer ciertos extractos de la *Torá*. Debemos
comenzar desde *Bereshit* y leer los primeros tres versículos y
los últimos tres versículos de cada sección. Si el final de una
sección está muy cerca del final de un capítulo, debemos
continuar la lectura hasta el final de ese capítulo. De esta
forma continuamos nuestra lectura a través de la *Torá* y de los
Profetas.

No obstante, esta regla tiene algunas excepciones. En
la sección de *Yitró*, además de los tres primeros y los tres
últimos versículos, leemos el capítulo 19 completo. En el
Libro del Éxodo, en la sección de *Mishpatim*, capítulo 24,
leemos desde el versículo 12 hasta el final de la sección. En el
Libro del Levítico, en la sección *Vaetjanán*, después de los
primeros tres versículos, saltamos hasta los Diez Enunciados
y leemos el capítulo 5 hasta el final de la sección. En la
sección de *Reé*, después de los primeros tres versículos,
saltamos al capítulo 17, versículo 9 y leemos a partir de allí
hasta el final de la sección. En el *Libro de Ezequiel*, leemos
todo el capítulo 1 y luego pasamos a los tres últimos
versículos del libro. Según dice el Arí, si terminamos todo
antes del amanecer, abrimos un libro de la Kabbalah y
completamos la noche estudiando los secretos de la *Torá*.

La Kabbalah no es algo nuevo; tiene 3.400 años de antigüedad y nos fue entregada en el monte Sinaí. La Kabbalah nos conecta con verdades muy antiguas; lleva a nuestra mente consciente cosas que ya sabemos en nuestra mente inconsciente. Sólo las influencias robóticas de la vida moderna impiden que apliquemos estas verdades con la seriedad apropiada en nuestra vida cotidiana. Para dejar de ser robots, debemos cambiar y renovar fundamentalmente nuestra conciencia.

La "adquisición de un seguro de vida" durante *Shavuot* se acompaña, por lo tanto, de la convicción de que podemos cambiar la faz de la tierra y a nosotros mismos. De ahora en adelante, veremos a las demás personas como partes integrales de nuestro ser y las trataremos como tales. En nuestros esfuerzos por cambiar y elevar nuestra conciencia, avanzaremos hasta *Rosh Hashaná*, sabiendo que hasta esa fecha se nos ha otorgado vida sin límite. Roguemos para que con la revelación del secreto en el monte Sinaí, la Kabbalah, podamos transformarnos en la auténtica revelación, a través de cuyo poder deberemos darnos cuenta de que somos uno con el Creador. No hay verdad más grande que ésta. En *Shavuot* tenemos la oportunidad de comprender esta verdad con nuestra mente, de conectarnos a ella con nuestros corazones y de llevarla a la práctica con cada aspecto de nuestro ser.

Rosh Jódesh Tamuz
(CÁNCER)

uchos creen, equivocadamente, que el mes de *Tamuz* se menciona por primera vez en el *Libro de Ezequiel*, parte 8, versículo 14. En efecto, en el *Libro de la Formación*, Avraham el Patriarca habla extensamente sobre el mes de *Tamuz*, su energía y su conciencia. La palabra *Tamuz* también se menciona en la *Torá* con referencia al mes lunar que lleva ese mismo nombre.

Tamuz transcurre en pleno verano[2], pero su tiempo propiamente dicho —como el de todos los meses lunares— está sujeto al ciclo de la luna y la estructura de los años bisiestos, más que al ciclo del Sol. Durante *Tamuz*, atraviesa el horizonte el grupo de estrellas que indica el signo astrológico de Cáncer (el cangrejo).

---

(2) N.del T. Todos los tiempos en este libro están basados en el hemisferio norte en donde está ubicado Israel, el centro energético del mundo según la Kabbalah.

Nuestro ego trata de convencernos de que tenemos el control absoluto sobre nuestras vidas, pero la Kabbalah nos enseña que estamos expuestos a las influencias externas de los planetas y los signos astrológicos. Todo esto se halla explícitamente documentado en el Zóhar y en el *Libro de la Formación*. Todo aquel que no es consciente de la influencia de los planetas está literalmente bajo su hechizo y no tiene más libre albedrío que un robot. Afortunadamente, Avraham el Patriarca nos ha mostrado cómo controlar estas influencias realizando el trabajo espiritual apropiado. La información necesaria para lograr tal control está descrita en el *Libro de la Formación*. Al leer dicha información, podremos conectarnos con la fuente de energía cósmica y desde allí obtener el control de la influencia de las estrellas y los planetas. El mes de *Tamuz* está regido por la energía de la Luna, la cual se canaliza al mundo de acuerdo a la conciencia del signo astrológico de Cáncer. Tal como explica Avraham el Patriarca, las letras arameas crearon todo el universo. La letra *Tav* 𝕿 creó la luna y la letra *Jet* 𝕳 creó el signo de Cáncer. Con el uso de estas dos letras podemos, por lo tanto, controlar el mes de *Tamuz*.

El Zóhar, texto entregado a Moshé en el monte Sinaí y estudiado por Daniel el profeta y Mordejai Ben Yair, también habla sobre el mes de *Tamuz*. En el libro *Shemot* del Zóhar está escrito que Yojevet escondió a Moshé durante tres meses cuando era un bebé. A primera vista, esto significa que ella dio a luz a Moshé en el sexto mes de gestación. Los egipcios sabían cómo calcular la fecha de nacimiento de un niño, e incluso sabían el sexo del bebé antes que naciera, así que planearon visitar a Yojevet al término de los nueve meses. Puesto que Yojevet dio a luz tres meses antes de la fecha prevista, escondió al niño en un canasto sin que los egipcios lo supieran para evitar que lo mataran en cumplimiento del decreto del Faraón.

El Zóhar enseña que cada historia de La *Biblia* (incluida esta) es un código diseñado para mostrarnos los secretos del universo y las leyes ocultas que los gobiernan. Cada año, durante tres meses: *Tamuz*, *Av* y *Tevet*, se revela una energía en el universo que puede ser aprovechada y controlada sólo mediante el uso de herramientas específicas, sin las cuales el caos podría penetrar fácilmente en el mundo. Como revela el *Libro de la Formación*, *Tamuz* está conectado con el signo astrológico de Cáncer. Y también, asombrosamente, con la enfermedad que lleva el mismo nombre. Avraham el Patriarca sabía sobre el cáncer mucho antes del advenimiento de la medicina moderna; incluso sabía con detalle sus características y las maneras de prevenirlo. Un tumor maligno se disemina sin ningún orden, sin consideración de su ambiente. Ésta es la conciencia de Satán tal como aparece en el universo durante el mes de *Tamuz*. Por lo tanto, la enfermedad del cáncer siempre comienza en el mes de *Tamuz*.

No hay otro mes del año relacionado con esta enfermedad. Incluso *Av* —mes en que los Templos Sagrados fueron destruidos y durante el cual comenzó el holocausto de los judíos españoles en manos de la inquisición— no se nombra como el mes de los desastres o las enfermedades. Sólo *Tamuz* se relaciona con la enfermedad más amenazadora y terrorífica de todas. Todo aquel que padece cáncer siente que un enemigo lo ha invadido y que no hay poder capaz de detenerlo. ¿Y qué ocurre con todas las personas que nacen en este mes? Están conectadas con el signo de Cáncer en su emanación de *Kéter*. ¿Son más vulnerables a la enfermedad debido a ello? Como sabemos, los nombres y las palabras en arameo contienen su esencia energética y, por lo tanto, son muy claras. Consideremos, pues, la palabra "cáncer" a fin de comprender mejor la esencia de la enfermedad y del mes con el cual está conectada.

En arameo, "cáncer" se dice *Sartán*, que es la combinación de dos palabras: *Sar*, que significa quitar, eliminar y limpiar; y *Tan*, término arameo que designa diferentes aspectos del caos. La palabra *Tiná* (odio), uno de sus derivados, conecta el caos y la destrucción física con sentimientos negativos como la pena, el enojo y la frustración. Rav Shimón y el Arí explican que estos sentimientos nos separan de la Luz y de la felicidad, dejándonos caer, cual fruto maduro, directamente en los brazos del Ángel de la Muerte. Por tanto, el nombre del mes, *Sartán*, se refiere en realidad a la "eliminación de la pena".

El nombre que el Creador dio al signo que controla el mes de *Tamuz* contiene una instrucción clara acerca de cómo manejar el exceso de Luz que se revela en este mes, cómo prevenir la enfermedad conectada con *Tamuz* y cómo evitar cualquier aparición del caos en el mundo, incluyendo sucesos de la magnitud de la destrucción del Templo, del holocausto de la comunidad europea y de una guerra mundial.

¿Por qué inició el Creador una realidad en la que el bien y el mal actúan simultáneamente? La respuesta es simple: un mundo en el que el bien y el mal coexisten es esencial para la eliminación del Pan de la Vergüenza y la presencia del libre albedrío. Cuando el primer hombre mordió el fruto prohibido, se descendió a sí mismo —y al mundo entero con él— de la conciencia del Árbol de la Vida, y en su lugar manifestó el Árbol del Conocimiento del Bien y el Mal. El Creador es responsable de todo lo bueno que nos sucede. Los humanos somos responsables del resto, de todo lo negativo que ocurre en cualquier lugar del universo. Pero podemos y debemos ver esta situación desde un enfoque positivo: vivimos en un mundo que no es sólo malo, también es bueno. El Creador nos guía para eliminar lo malo y así podamos disfrutar de lo bueno.

¿Por qué el universo se inunda de tanta energía durante el mes de *Tamuz*? La respuesta está en las estrellas. Como sabemos, cada mes del año está regido por un planeta y un signo. La energía del mes emana del planeta y pasa a nosotros a través de un filtro: el signo. Los diez meses del año son regidos por cinco planetas, y cada uno de ellos (Saturno, Júpiter, Marte, Venus y Mercurio) divide su energía entre dos signos. Sin embargo, esto no ocurre durante dos meses del año: sólo el Sol rige el mes de *Av*, y sólo la Luna el mes de *Tamuz*. Ésta es la causa de la fuerte energía del juicio en el mundo durante los meses de *Av* y *Tamuz*. Pero la abundancia de la Luz y el nivel del juicio no significan necesariamente daño, dolor o sufrimiento para nosotros. Todo depende del nivel de afinidad entre la Luz y la vasija, una afinidad que nosotros mismos podemos controlar.

El período más problemático y peligroso en relación con accidentes o enfermedades como el cáncer comienza el 17 de *Tamuz* y termina el 9 de *Av*. ¿Cómo sabemos esto? Porque el mes de *Tamuz* está regido por el signo de Cáncer, la energía de *Tan*: pena, oscuridad y caos. Como dijo el Rey David: "Los cielos hablan de su honor". Los cielos nos dicen lo que hace el Creador.

Tal vez te preguntes por qué el Creador concentró tanta energía en estos dos meses, *Tamuz* y *Av*. La respuesta es sencilla: porque es exactamente lo que necesitamos. Quien se conecta con la Luz de manera correcta, expandiendo así su vasija espiritual, recibe en estos meses una fuerza de vida adicional que le brinda una oportunidad mayor de encarar el resto del año. Aprendemos esto del 17° día de *Tamuz*, fecha en la que Moshé trajo las dos tablas tras la entrega de la *Torá* en el monte Sinaí. Moshé bajó de la montaña con un instrumento que podía manifestar el fin de la muerte en el mundo. Éste es el instrumento que fue creado para beneficiar a toda la humanidad, y que más tarde fue colocado en el Tabernáculo. En el 17° día de *Tamuz*, cuando Moshé descendió de la montaña y vio el Becerro de Oro que los Israelitas habían construido, las tablas se rompieron. Aquel día Moshé trajo al mundo inmortalidad y liberación completa del caos; estableció una conexión pura con la energía del Árbol de la Vida. Como sabemos, para revelar vida en este mundo debe haber una conexión entre el cuerpo y el alma. Cuando una persona muere, su alma se eleva y abandona su cuerpo. El 17° día de *Tamuz*, Moshé trajo los medios perfectos para que el cuerpo físico pudiera ser inyectado con la cantidad y calidad de Luz capaz de crear una conexión total con la conciencia del alma, una conexión que es eterna y que no puede ser cortada. De esta manera, la muerte es erradicada para siempre. He aquí la esencia verdadera del 17° día de *Tamuz*.

Pero aún queda una pregunta por responder: ¿por qué fue elegido el 17° día de *Tamuz* como el día para la inyección de fuerza de vida en el mundo físico? ¿Qué tiene de especial este día? Nuevamente, en la fecha lunar —como en cada nombre y cada palabra de la *Torá*— hay un código oculto. Ese día fue escogido porque desde los tiempos de la Creación ha contenido una fuerza de energía inteligente única y precisamente apropiada para esta misión. *Tov* טוֹב ("bueno") tiene el valor numérico de 17. Es el mejor día para revelar la mejor energía. Y dado que nada desaparece en el mundo espiritual, esta energía buena de conexión permanente con el Árbol de la Vida regresa para ser revelada cada año.

Moshé se conectó con esta energía y de hecho logró la vida eterna. De ahí que esté escrito en el Zóhar que "Moshé no murió". Ahora depende de nosotros completar su misión y conectarnos con esa energía. Éste es un día de cortocircuitos, problemas y desastres energéticos, pero sólo para aquellos que no merecen recibir la Luz. Todo aquel que elija fabricarse un Becerro de Oro en lugar de conectarse con la certeza, la reverencia y el amor por la *Torá* —todo aquel que elija ver lo diferente y los fragmentos en lugar de la unidad, todo aquel que no se preocupe por amar al prójimo como a sí mismo— durante este día, invita a que las paredes se resquebrajen y comience la destrucción. Pero siempre debemos recordar que el bien estuvo primero; ésta es la elección del fracaso cósmico. Sólo si la vasija no es apropiada para la Luz, el mundo será dañado. Es verdad que no sabemos con seguridad cuándo la vasija está lista y merece la Luz, pero sí sabemos con absoluta certeza que en el mes de *Tamuz* tenemos la oportunidad cósmica de eliminar a *Tan* de entre nosotros, para ser limpiados de toda negatividad y de toda clase de desequilibrio; para ser inmunizados contra todo tipo de cáncer, sea éste físico o espiritual; y para obtener una gran inyección de Luz y energía que nos acercará al Árbol de la Vida.

El animal llamado *Sartán* ("cangrejo") está asociado con el signo de Cáncer. Siempre camina de costado, nunca hacia delante o hacia atrás. ¿Cuál es el significado de esto? Si analizamos este tipo de movimiento, advertiremos que no es continuo, a diferencia del movimiento hacia adelante o hacia atrás. Si intentamos caminar como el cangrejo, avanzamos la pierna derecha hacia la izquierda, nos detenemos, y sólo entonces movemos la pierna izquierda. El mensaje que encarna el cangrejo es, por lo tanto, de discontinuidad. Mientras evitemos el flujo continuo de Luz a través de nosotros, nos expondremos al peligro de la enfermedad y los desastres. Pero si nos esforzamos por fluir con la Luz, permitiremos que la felicidad, la plenitud y la libertad se manifiesten en nuestras vidas. La continuidad significa infinito, inmortalidad, una conexión total con el Árbol de la Vida. Detenerse crea un espacio. Aquel que habita en la tristeza durante el mes de *Tamuz* pone su alma en peligro y se arriesga a exponerse a la enfermedad del cáncer.

¿Qué significa el nombre *Tamuz*? ¿Por qué fue elegida la Luna para que su Luz espiritual influyera en este mes? En el *Libro de Yejeskiel* está escrito: "Luego me llevó a la entrada de la Casa de Dios que mira al Norte, y he aquí que allí estaban sentadas las mujeres, llorando a *Tamuz*".

Los comentaristas relacionan este pasaje con la adoración de ídolos, pues *Tamuz* es un dios babilónico y era costumbre llorar su muerte durante el mes de *Tamuz*. Pero ¿cuál es el significado de la situación y de las mujeres? Los comentaristas no ofrecen una respuesta a esta pregunta. *Tamuz* תמוז se compone de dos palabras: *Tam* תם y *Uz* וז (en arameo *Uz* se escribe con las letras *Vav* ו y *Zain* ז. El signo de Tauro fue creado por la letra *Vav*, y el signo de Géminis, por la letra *Zain*. *Tamuz* llega cuando estos dos meses, así como toda su influencia espiritual, han finalizado.

El signo de Tauro tiene lugar en *Iyar*, el mes de la curación. Una tremenda Luz, pura e irrestricta, desciende en el mundo durante este mes para ayudarnos a eliminar el caos de nuestras vidas. Si la vasija no está en condiciones de recibir la Luz, pueden ocurrir catástrofes, como la plaga que mató a los 24.000 discípulos de Rav Akivá. A diferencia de

Tamuz, en el mes de *Iyar* no hay un dispositivo protector. Por lo tanto, nunca emprendemos un negocio, nos casamos ni compramos cosas nuevas en *Iyar*.

Géminis es el signo de aire que corresponde al mes de *Siván*. El aire representa la conciencia de la columna central, así como la restricción, el equilibrio y la armonía. Entre los tres signos de aire, Libra representa la columna derecha de la columna central; Acuario representa la columna izquierda de la columna central; y Géminis representa la columna central de la columna central. Ésta es una de las razones por las que el mes de Géminis fue elegido para la entrega de la *Torá*. Cuando ocurrió la revelación en el monte Sinaí, todo el universo estaba en equilibrio. Por eso los Israelitas pudieron sobrevivir al acontecimiento y el mundo no fue destruido a pesar de la tremenda Luz que fue revelada, cuyo propósito era equilibrar la negatividad del mundo y producir un estado de muerte de la muerte.

Cada mes contiene la semilla del mes que lo precede. Si en *Siván* creamos la "muerte de la muerte para siempre", luego podremos ejecutarla durante *Tamuz*. El aspecto de Géminis crea una especie de capa de ozono espiritual y nos ayuda a equilibrar la Luz irrestricta que desciende en el mundo durante el mes de *Iyar*, al mismo tiempo que prepara al mundo para la salvación. Moshé descendió del monte Sinaí el 17° día de *Tamuz*, llevando en sus manos la *Torá*, que es la expresión completa de la energía pura y su factor equilibrante: la energía y la conciencia de la restricción. *Tamuz* significa que ha llegado el momento de la revelación

completa de la fuerza contenida en las letras *Vav* y *Zain*. Éste
es el sentido del mes de *Tamuz*, y por ello tiene lugar después
de los meses de *Iyar* y *Siván*.

El tercer mes de ocultación es *Tevet*, el signo de
Capricornio. Aparentemente, no hay justificación aquí para
un exceso peligroso de energía. Pero aun así, hay prueba
clara de que existe un gran flujo de energía en este mes: en el
10º día de *Tevet* comenzó el sitio de Jerusalén. Saturno es una
estrella de gran tamaño, lo cual expresa su capacidad de
proyectar una energía espiritual poderosa. Si ordenamos
estos meses según su fuerza de radiación, *Tevet*, alimentado
por Saturno, es el más débil de los tres, y *Av*, alimentado por
el sol, el más fuerte. Durante ambos meses, los Templos
Sagrados fueron destruidos. El Templo está rodeado de
murallas de defensa, a modo de una cebolla; a medida que
nos alejamos del centro, las capas de protección son más
débiles. Cuando el universo contiene energía equivalente a la
fortaleza de las murallas, y cuando las personas consiguen
que la energía se manifieste de manera negativa, esa energía
puede romper la muralla. A medida que la energía revelada se
incrementa, se hace posible romper murallas más fuertes y
acercarse al corazón del reactor atómico que alimenta al
mundo. Por lo tanto, en estos tres meses tenemos la
oportunidad de derribar las *klipot* (barreras) que rodean
nuestra Luz interior, el alma, y permitir que esta Luz
potencial se manifieste en nuestras vidas. Entonces nos
convertimos en nuestra vida y no dejamos que nuestra vida
nos domine. He aquí el secreto de estos tres meses, durante
los cuales *Yojevet* escondió a Moshé en una cesta.

El Zóhar nos enseña que una persona es un microcosmos que refleja la totalidad del universo. Como todo lo que existe, el hombre está formado por dos componentes principales: conciencia del cuerpo y conciencia del alma. La conciencia del cuerpo —el Deseo de Recibir Sólo para sí Mismo— infunde en nosotros la ilusión de las limitaciones, mientras que la conciencia del alma —la parte Divina— es libre e ilimitada.

¿Cuánto podemos fortalecer la conciencia del alma y darle autoridad sobre la conciencia del cuerpo? Ahí reside todo el secreto. Cada problema o dificultad que experimentamos está conectado con los cortocircuitos que creamos en vidas pasadas. Por lo tanto, toda situación difícil es una oportunidad para limpiar en nosotros la energía negativa que acumulamos en el pasado y corregir defectos. Todo aquel que ante las dificultades cae presa de la depresión, lo único que logra asegurar es que cuando regrese en su próxima vida tendrá que soportar los mismos problemas una y otra vez.

La depresión está conectada con el Deseo de Recibir Sólo para sí Mismo, y por lo tanto, aliena a una persona de la Luz. Esta desconexión de la Luz impide que esta persona comprenda y analice correctamente su situación, y por ende, que encuentre soluciones a sus problemas. Por el contrario, una persona que está conectada con la conciencia positiva, aprecia las situaciones difíciles como oportunidades de revelar Luz y en consecuencia no tiene miedo de aceptar el desafío. Esa persona, aun en tiempos de dificultad, siempre le dirá a la Luz: "Gracias, debe de haber una buena razón para que esto ocurra; por favor, envíame más, aunque ahora me duela". El cuerpo quiere recibir comida, bebida, descanso y mucho más. El alma no necesita ninguna de estas cosas.

El Arí, Rav Shimón y Avraham el Patriarca nos enseñan técnicas para controlar nuestro destino. En el curso de nuestras vidas, siempre nos enfrentaremos a desafíos y seremos puestos a prueba; estaremos expuestos a situaciones en las que la ilusión de haber perdido el control crecerá con fuerza. Sin embargo, es importante recordar que sólo se trata de una ilusión. El cáncer no es una cuestión de suerte. Con la Luz, podemos eliminar de nuestro interior toda semilla o gota de cáncer, enojo y caos, y merecer así una conexión equilibrada con el Árbol de la Vida.

Rosh Jódesh Av
(LEO)

*A*v es un mes especial. Durante este mes, a través de una conexión especialmente fuerte con la Luz del Creador, tenemos acceso a los medios y a las formas de controlar nuestro destino y de eliminar el caos del mundo. En *Rosh Jódesh* somos capaces de conectarnos con todo el potencial y la inteligencia energética positiva vinculada con este mes. Para hacerlo aprendemos acerca de *Av*, mientras recordamos la lección de *Bereshit* que aparece en el Zóhar: el conocimiento es la conexión.

Av atrae la Luz espiritual generada por el Sol. Después de pasar a través del filtro conocido como el signo de Leo, esta Luz afecta todos los acontecimientos que ocurren durante el mes. Esta sabiduría la extraemos del *Libro de la Formación*, la fuente más antigua de sabiduría kabbalística.

Allí leemos:

> Designó la letra *Jaf* ⊃ y le otorgó una corona y le asignó el Sol, el Miércoles, y el oído izquierdo (...) Designó la letra *Tet* ט y le otorgó una corona y le asignó la constelación de Leo, el mes *Av*, y las vértebras.

El Sol, centro de nuestro sistema solar, fue creado por la energía encapsulada en la letra *Jaf* ⊃, y el grupo de estrellas de la constelación de Leo fue creado por la energía encapsulada en la letra *Tet* ט. De la misma forma que nuestro cuerpo fue creado sobre la base de una formación de ADN molecular, el Sol, el signo de Leo y el mes de *Av* fueron creados a partir del ADN compuesto por las letras del mes: *Jaf* y *Tet*. Avraham el Patriarca nos revela que sólo a través de la esencia de las letras del mes podemos controlar nuestro destino, un mérito que recibimos el día que nacimos.

Las cualidades características del signo de Leo son el liderazgo, la iniciativa y el control, atributos que brillan en todos nosotros durante el mes de *Av* y que nos ayudan a lograr el control de nuestra vida cotidiana. Sólo cuando manifestemos estas cualidades y controlemos nuestras vidas será posible que comencemos a comprender el entorno en el que vivimos. Nuestra situación puede compararse con la de un empresario que debe hacer un estudio de mercado para saber no sólo quiénes son sus competidores, sino también qué poderes y tendencias afectan el mercado; y una vez que obtiene los resultados irrumpe en el mercado tratando de conquistar y controlar un sector u otro. Nuestro ego planta dentro de nosotros la ilusión de que controlamos nuestras vidas; pero para ejercer un verdadero control sobre la muerte, los negocios y la salud, debemos primero familiarizarnos con los hechos de la vida, aprender las reglas del juego y comprender nuestro entorno y todo aquello sobre lo cual se funda.

Con el comienzo del siglo XXI, esperamos ver un gran cambio en la vida de todas las personas, cambio que se origina en el ingreso en la era de la Kabbalah. Igual que tanta gente se mostró indiferente ante Internet y no anticipó su prosperidad, aquellos que se muestran indiferentes ante la Kabbalah y la esencia de la *Torá* pueden esperar una sorpresa similar. Internet es la *Sefirá* de *Maljut* de la Era de la Información, y la exposición a la sabiduría de la Kabbalah es el *Kéter* de la Era de la Conciencia, una era en la que lograremos una vida mejor, libre de toda negatividad.

A diferencia de la religión convencional, para la cual el Creador es responsable de producir milagros en el mundo y nosotros somos completamente pasivos, para la Kabbalah la responsabilidad de realizar milagros es absolutamente nuestra. El Creador nos proporciona el poder y las herramientas, pero la decisión de generar un milagro está en nuestras manos. Una de estas herramientas es el planeta Júpiter, cuya naturaleza produjo los milagros de *Janucá* y *Purim* para nuestros ancestros. Al conectarnos con la energía interna de Júpiter, la capacidad de crear milagros existe incluso en el presente. Rav Shimón Bar Yojái escribió en el

Zóhar que sólo después de 2.000 años (es decir, en nuestros tiempos) emergerá el verdadero significado de la Revelación en el monte Sinaí. Y la verdad empezó a emerger hace casi 80 años, cuando Rav Áshlag comenzó el trabajo más importante de su vida: la escritura de su comentario "Escalera", la traducción del Zóhar y la fundación del Centro de Kabbalah.

Es natural que cualquier esfuerzo por cambiar una tradición de 3.400 años encuentre oposición. Sin embargo, a pesar de esta oposición, nos encontramos al final de una era en la que las personas permitieron que otros determinaran sus destinos. Ya no pondremos nuestras vidas en manos de cirujanos ni nuestros negocios en manos de abogados y banqueros. En la Era de Acuario, el siglo XXI, cada uno de nosotros asumirá la responsabilidad y controlará su propia vida, ya que esta es la única manera de que una historia caracterizada por el caos se transforme en una historia de prosperidad y armonía.

Tradicionalmente, *Av* se considera un mes negativo. La historia nos muestra que en su transcurso ambos Templos Sagrados fueron destruidos; en 1492 se firmó el documento para expulsar oficialmente a los judíos españoles durante la Inquisición; y en 1942 la Alemania Nazi implementó la Solución Final. Dios parece particularmente enojado durante el mes de *Av*. Por lo tanto, se nos dice que no comencemos nada importante en este mes, que no nos casemos, no emprendamos un negocio ni adquiramos propiedades. También se nos dice que nos abstengamos de cualquier celebración y de las festividades por respeto a la Destrucción.

Sin embargo, si *Av* es tan negativo, ¿por qué los sabios
talmúdicos designaron *Tishá BeAv* (el noveno día de *Av*)
como una festividad? Parece ilógico. Pero la sabiduría de la
Kabbalah nos revela que en *Tishá BeAv*, la conciencia del
Mesías viene al mundo porque el noveno día está conectado
con la *Sefirá* de *Yesod* y los órganos reproductivos. ¿Y qué
nace en este día? La conciencia interna de Leo, que también
se expresa en la numerología del nombre de la constelación:
Arié אריה (león) es numéricamente igual a 216, ¡el número
de letras en los 72 Nombres de Dios! La conciencia del
Mesías es, por lo tanto, una expresión de la conciencia de
pensamiento oculta en los 72 Nombres de Dios que fueron
utilizados para dividir el Mar Rojo y lograr el dominio de la
mente sobre la materia.

La Kabbalah nos enseña que el Creador es sólo
benefactor de Sus creaciones. El daño viene al mundo debido
a la incapacidad de la vasija de contener y conducir la Luz. Si
una persona mete el dedo en el enchufe y recibe una descarga
eléctrica, no culpa al Creador del universo por las
consecuencias. Para eliminar el velo que se interpone en el
camino de nuestro proceso kármico, debemos tener una
conciencia de preocupación real por los demás. Algunas de
las personas más ricas del mundo han expresado este
sentimiento, lo cual indica que la conciencia de la humanidad
está desarrollándose en la dirección correcta. Aun así, es
alentador ver a tantas personas realizando el *Tikún Hanefesh*
(corrección del alma) durante el *Aná Bejóaj*. Con todo, Rav
Áshlag enfatiza que es especialmente importante meditar
sobre el prójimo durante esta plegaria, de la manera más

amplia posible, y no sólo pensar en nosotros mismos, nuestras familias y amigos. La Luz del Creador —una chispa, una parte de Dios— está dentro de cada uno de nosotros. Por consiguiente, para amarnos a nosotros mismos, debemos amar a toda la humanidad.

El día 15 de *Av*, pues, llegamos a la cima de la oportunidad de conectarnos de forma equilibrada con la totalidad de la Luz del Creador, que ha sido preparada para nosotros por *Zeir Anpín*. En *Tu BeAv* (el 15° día de *Av*), la armonía reina en el universo entre cada vasija y la Luz. Por eso es un día feliz y perfecto para descubrir almas gemelas y socios de negocios, para firmar contratos y afrontar nuevos comienzos (ver capítulo sobre *Tu BeAv*, página 265).

El mes de *Av* es, por tanto, la oportunidad más importante del año para atraer la Luz del Creador y, al hacerlo, eliminar el caos del mundo. La oscuridad es eliminada por la Luz, no por medio de las armas. El efecto cuántico —la ley de unidad espiritual entre todas las creaciones— promete que cuantas más personas aprendan la sabiduría de la Kabbalah y revelen la Luz en el mundo, mejores serán nuestras vidas. Esta ley nos revela la gran responsabilidad que pesa sobre nuestros hombros: el destino de toda la humanidad y del universo entero está en manos de todos y cada uno de nosotros.

El quinto día de Av

ANIVERSARIO DE
LA MUERTE DE
RAV ISAAC LURIA
(EL ARÍ)

av Isaac Luria, el *Arí Hakadosh*, murió en *Hei BeAv* (el quinto día de *Av*) en 1574. Estamos acostumbrados a asociar la muerte con la tristeza y el duelo, pero la *hilulá* (el aniversario de muerte) de un *tzadik* (persona justa) es una paradoja. Por una parte, el día que una persona justa muere se considera un día feliz, por razones que explicaré más adelante. Por otra parte, no hay duda de que nos haría felices gozar de la presencia física del Arí en la actualidad. Podríamos, por ejemplo, hacerle preguntas acerca del futuro, pues con su profundo y amplio conocimiento de la Kabbalah adquirió la capacidad de ver y saber todo.

El Arí nació en Jerusalén, y cuando todavía era un niño se trasladó con su madre a Egipto para vivir con su tío. Pasó allí 13 años, la mayor parte de su tiempo solo, a orillas del Nilo. Durante aquel periodo, el Arí logró niveles de iluminación y entendimiento espiritual que lo llevaron a Tsefat a enseñarle los secretos de la Kabbalah a Rav Jaim Vital y, a través de él, legar aquella sabiduría a las generaciones futuras.

En *Kitvei HaArí* (Los escritos *del Arí*), Rav Jaim Vital afirma:

> Éstas son las cosas que mi maestro expresó con respecto a la raíz de mi alma. En *Rosh Jódesh Adar* de 1571, me dijo que mientras estuvo en Egipto comenzó a comprender su propio destino y a entender los mundos superiores y la realidad verdadera. Allí le fue dicho que vendría a la ciudad de Tsefat, donde yo vivo, para enseñarme la sabiduría de la Kabbalah. Y me dijo que no había venido a vivir en Tsefat por ningún otro motivo, y no sólo eso, también que la única razón de su encarnación era enseñarme, completarme, y no por sus necesidades propias, pues él no necesitaba venir. También me dijo que no se le encomendó enseñar a otra persona más que a mí. Y que cuando yo completara el estudio por el cual él había venido a este mundo, ya no necesitaría existir en este mundo.

Este pasaje revela que cuando Rav Jaim Vital diera fin a sus estudios con el Arí, el trabajo del Arí en este mundo habría concluido e inmediatamente regresaría al Mundo de la Verdad. Por lo tanto, el Arí no murió; simplemente abandonó nuestro mundo físico. No podemos verlo en el presente, pero tal como explicó Rav Avraham Azulai, esto cambiará en el año 5760 (2000). El estudio de Rav Jaim Vital incluía la sabiduría necesaria para que nosotros en la actualidad llevemos la conciencia colectiva al nivel del Mesías. Esto significa que la riqueza de conocimiento revelada por el *Kitvei HaArí* permitirá que las masas comprendan sus destinos. En el momento que el Arí terminó de transmitir su sabiduría a Rav Jaim Vital, su existencia en el mundo físico dejó de tener un propósito.

Rav Jaim Vital mereció la posesión de 200 almas más en su vida, pero no se le permitió completar su *tikún* con el Arí de esta manera. Fue por esta razón que el Arí tomó forma humana, aunque no necesitaba venir al mundo por su propio bien. Consiguientemente, el Arí murió a los 38 años. Queda claro en esta historia que el Arí no murió a causa de ninguna enfermedad que hubiera azotado a Tsefat. El Arí vino a este mundo sólo para enseñarnos los secretos de la Kabbalah a través de Rav Jaim Vital, y una vez hubo completado su tarea ya no tuvo motivos para permanecer aquí.

Sabemos que el mensaje del Arí fue especialmente pensado para nuestra época. Hace ya más de ocho décadas que Rav Áshlag estableció el primer Centro de Kabbalah (en 1922) y comenzó a difundir el Zóhar y el mensaje del Arí para que finalmente todos tuviéramos la oportunidad de comprenderlo. Esta sabiduría permaneció oculta durante 400 años, e incluso los grandes sabios encontraron los escritos del Arí difíciles de descifrar. Hoy, gracias a Rav

Áshlag, todo el mundo puede aprender y comprender la Kabbalah del modo en que fue enseñada durante los tiempos de Rav Shimón y el Arí.

Rav Jaim Vital continúa:

> Él (el Arí) también me dijo que mi alma estaba en lo alto, junto a unos pocos ángeles celestiales, que era grande en su propósito celestial y que la única manera en que yo podía seguir avanzando era a través de mis acciones.

Aquí el Arí revela que para conectarnos con la semilla de nuestras almas, debemos llevar a cabo un trabajo espiritual. Todo depende de nuestras acciones. El Arí mismo vivió de modo austero en una humilde cabaña junto al Nilo hasta que mereció su iluminación, pese a haber crecido en un hogar acaudalado. Su comportamiento no reflejaba su riqueza, ni actuaba mejor que aquellos de posición inferior. De hecho, él había terminado su trabajo espiritual cuando mereció completar finalmente el propósito de su vida. El Arí comprendió que el dinero no es más que una expresión de la Luz del Creador, y que por ende no estaba diseñado para incrementar el ego que nos atrapa a todos. El Arí se elevó más allá de la conciencia del cuerpo, que es la conciencia del Deseo de Recibir Sólo para sí Mismo. La *Parashat Nóaj* nos lo enseña: "La inclinación del hombre es mala desde su juventud". En el momento en que nuestras almas se encarnan en cuerpos físicos, se conectan con la conciencia del Deseo de Recibir Sólo para sí Mismo, con el mal. El cuerpo es intrínsecamente malo.

Una persona verdaderamente buena se distingue de una persona aparentemente buena cuando se enfrenta con la elección entre su propio beneficio personal y el de otros. Aquel que está dispuesto a sacrificarse y dar su vida por la de otra persona se eleva por sobre las limitaciones de la individualidad y supera su conciencia del cuerpo. Esta clase de acción expresa no sólo la conciencia de compartir, sino también la verdadera renuncia a las gratificaciones físicas. Hay personas que están naturalmente inclinadas a compartir y otras cuyo único propósito es recibir sólo para ellas mismas. Los años que el Arí pasó en Egipto estuvieron dedicados al proceso de purificar su conciencia, triunfar sobre el aspecto físico y transformar su Deseo de Recibir hasta completar su proceso de vida, que consistió en compartir los secretos de la Kabbalah. Ésta fue la condición del Arí para enseñar la Kabbalah, sin cuyo cumplimiento no habría podido instruir a Rav Jaim Vital. El Arí reveló a Rav Jaim Vital que su alma había alcanzado el lugar más alto posible, incluso más alto que el de algunos ángeles. Que el Arí fuera el maestro de Rav Jaim Vital pone en evidencia la superioridad de su alma, la cual estaba enraizada en el lugar más elevado que podamos imaginar.

Así pues, el Arí no tenía ninguna dificultad en ver las encarnaciones previas de Rav Jaim Vital o el proceso que debía atravesar:

> Él me mostró aquello que debo corregir ahora, en esta encarnación: debo revelar la sabiduría del Zóhar. Y me dijo que, siendo una

encarnación del *Maguid Mishné*, fui una gran fuente de sabiduría y un gran erudito. Por ese motivo no me encuentro en una gran búsqueda de sabiduría personal, pues mis encarnaciones previamente mencionadas sólo estuvieron enfocadas en mi propia alma.

En otras palabras, el Arí revela que en todas sus encarnaciones previas Rav Jaim Vital fue un intelectual sólo por el bien de su alma. "Desde el punto de vista de *Ruaj* y *Neshamá*, ¡hay otras cosas encarnándose!". Aquí el Arí explica que una persona espiritual es alguien que en su proceso de *tikún* ha llegado al nivel de *Ruaj* y se ha desconectado por completo del nivel de *Nefesh* y el Deseo de Recibir Sólo para sí Mismo. Este nivel es más específico y estricto, aun cuando sepamos que cualquiera puede referirse a sí mismo como una "persona espiritual". No importa cuántos años dedique una persona al aprendizaje de la Kabbalah o de cualquier otra filosofía espiritual; mientras no transformemos nuestro Deseo de Recibir Sólo para nosotros Mismos en Deseo de Compartir, no seremos dignos de llamarnos "personas espirituales".

El Arí también revela que cuando Rav Jaim Vital tenía 13 años, el alma de Rav Elazar Ben Araj —un discípulo de Rav Yojanán Ben Zakai— vino a descansar sobre él. A propósito, ellos están sepultados contiguamente en Tiberíades. El número 13 tampoco es casual; es la edad en que una persona recibe la primera oportunidad de dejar de ser un niño, cuya conciencia es la del Deseo de Recibir Sólo para sí Mismo. Se trata de un nivel clave en el desarrollo de la capacidad de compartir y ocuparse de los demás y en el camino hacia el nivel de *Ruaj*. Ciertamente, es difícil concebir el nivel del alma de Rav Jaim Vital si ya a los 13 años merecía recibir el alma de Rav Elazar Ben Araj, discípulo de Rav Yojanan Ben Zakai.

El Arí nos enseña que es imposible realizar nuestro potencial sin hacer un trabajo espiritual práctico. Así continúa explicando Rav Jaim Vital lo que el Arí le contó sobre sus encarnaciones pasadas:

> Y me dijo que tuve que encarnarme en este cuerpo actual porque antes no había creído completamente en la sabiduría del Zóhar. Y de sus palabras comprendí que yo fui el *Maguid Mishné*, pero él no quiso revelar esto.

El Arí no estaba limitado por el tiempo, el espacio o la encarnación. Por consiguiente, podía ver cómo el daño en una encarnación podía afectar el alma en otra encarnación. Nosotros estamos tratando de emular al Arí y lograr un nivel similar al suyo, un nivel más allá del tiempo, el espacio y el movimiento.

Antes de seguir, es importante recordar que el *Sidur* (Libro de Rezos) del Centro de Kabbalah es el medio para conectarnos con el Arí y acercarlo a nosotros. Como nos han enseñado el Zóhar y el *Talmud*, cuando aprendemos las lecciones de un maestro en particular, ese estudio en sí mismo nos conecta con el maestro que las impartió. Cuanto más implementemos en nuestras vidas las lecciones de ese maestro, más nos conectaremos con él. En el *Sidur*, el Arí nos ofrece una meditación que nos ayuda especialmente a conectarnos con su capacidad de elevarse por sobre las limitaciones del tiempo: *HaShem melej, HaShem malaj, HaShem yimloj leolam vaed.* Tradicionalmente, este verso describe la naturaleza infinita del Creador: "Él reinó, Él reina y Él reinará por siempre". El Arí revela la conexión entre estas palabras y sus cinco letras arameas finales ך ך ץ ז ם con el secreto de elevarse por encima del marco temporal que se espera en los días del Mesías. El Arí explica que en los días del Mesías no estaremos limitados por el conocimiento y la comprensión intelectual del pasado, el presente y el futuro. De esta forma, seremos realmente capaces de ver todo el pasado, el presente y el futuro ante nuestros ojos.

En el primero de los días de intervalo (*Jol Hamoed*) de *Pésaj* del mismo año, el Arí y Rav Jaim Vital, mientras visitaban las tumbas de los justos de la región, visitaron una ciudad llamada Ajbara; allí el Arí unió las almas de Rav Jaim Vital y Rav Yanai, un *tzadik* (persona justa) que había fallecido 1.500 años antes. Mientras el Arí estaba hablando con Rav Jaim Vital, escucharon de repente la voz de Rav Yanai que les decía: "¡Estoy sepultado en esta tumba!". El Arí confirmó esto y le dijo a Rav Jaim Vital: "Debes saber que los muertos dicen la verdad, es aquí donde está sepultado. Te traje a este lugar para presentarlos, y de ahora en adelante el alma de Rav Yanai estará contigo dondequiera que vayas".

Rav Yanai habló nuevamente al Arí: "Esto es lo que el Creador bendito ha dicho. Ve y dile a este hombre, Jaim Vital, que está contigo, que tiene dentro de sí un aspecto de difamación que obstaculiza su alma". Rav Yanai le comunicó al Arí que Rav Jaim Vital debía corregir de su carácter el uso de lenguaje difamatorio e incrementar su grado de humildad. "Y estaré con él dondequiera que vaya", repitió Rav Yanai. Continúa Rav Jaim Vital: "Aquel día, mi maestro también me dijo que mi alma pertenecía y estaba unida al alma de Moshé". El Arí era una encarnación de Rav Shimón Bar Yojái, quien era una encarnación de Moshé; por consiguiente, el Arí describió la naturaleza de la conexión entre él mismo y Rav Jaim Vital, cuyas almas compartían la misma raíz que la de Moshé: "Porque todas las almas estaban incluidas en su alma, especialmente las almas de los justos".

Aquí el Arí nos enseña que todas las almas estaban incluidas en el alma de Moshé. Como se sabe, el alma no tiene tamaño físico, y por lo tanto puede incluir sin problema en un solo cuerpo todas las almas que existen. Por otro lado, sólo personas como Rav Shimón Bar Yojái, el Arí y Rav Jaim Vital fueron capaces de comprender a Moshé y conectarse con su alma poderosa; y por eso merecieron que él se encarnara dentro de ellos con el único propósito de difundir la Kabbalah y liderar generaciones futuras al hacerlo. No todos podemos comprender el amplio significado de la Kabbalah, razón por la cual ninguno de nosotros puede ser el único responsable de la promulgación de la Kabbalah. Pero Rav Shimón y el Arí podían hablar con personas que vivieron 1.000 años antes que ellos de la misma forma en la que podían hablar con los que vivirán en el año 2300. El Arí legó su sabiduría sólo a Rav Jaim Vital porque sólo él era capaz de ir hasta las profundidades de su mente y transmitir el mensaje exactamente como lo escuchaba. Pero en aquel entonces, el Arí todavía no había hablado acerca de las ideas de *Ruaj* y *Neshamá*.

Leemos en *Shaar HaGuilgulim* (*La puerta de la reencarnación*):

> También viajé una vez con mi maestro al lugar donde Rav Shimón y sus compañeros se reunieron y realizaron la "Idra Raba". Y allí, al este del camino (en la cueva) hay una roca solitaria con dos grandes huecos en su interior. El hueco que se halla en el lado norte es donde Rav Shimón se sentó en la *Idra*.

El Arí fue capaz de identificar la huella energética que Rav Shimón había dejado 1.500 años antes de abandonar el lugar físico donde se sentó en la cueva. El texto de *Shaar HaGuilgulim* continúa así:

> Y el hueco en el lado sur, ahí es donde Rav Abba (quien escribió el Zóhar según las palabras de Rav Shimón) se sentó. Y junto al árbol que se halla frente a los dos huecos en el oeste, ahí es donde se sentó Rav Elazar.

Es evidente en esta descripción que el Arí pudo ver lo que ocurrió en la *Idra Raba* sin las limitaciones que el tiempo nos impone. El Arí podía conectar con los miembros de la *Idra Raba* como si nunca hubieran muerto, como si nunca hubieran abandonado el mundo físico. Todos los *tzadikim* están felices de responder a nuestra invitación, de unirse a nosotros y apoyarnos en cada aspecto de nuestro trabajo espiritual, en nuestro proceso de *tikún* personal y global en pos del Mundo Verdadero hacia el cual nos dirigimos.

Ésta es la descripción que encontramos en el *Shaar HaGuilgulim*:

> Aludió a la razón por la que el Arí había sido elegido como el canal para el conocimiento que decodifica para la gente los secretos del Zóhar después de 1.500 años de ocultación. El Arí era una encarnación del alma de Rav Shimón Bar Yojái, y por eso continuó haciendo el trabajo de Rav Shimón.

Rav Moshé Cordovero, quien vivió en Tsefat por la misma época, también escribió su propia interpretación del Zóhar, titulada *Or Yakar* (*Luz Preciosa*). El Arí certificó que las ideas de este libro eran correctas y verdaderas, pero le dijo a Rav Jaim Vital que en la Era de Acuario, 400 años más tarde, el texto usado como base para el consumo del Zóhar por las masas, para el despertar espiritual y la difusión de la conciencia del Mesías alrededor del planeta — primero en forma individual y finalmente de manera global— sería el *Kitvei HaArí*, no el *Or Yakar*. Ese es el motivo por el cual Rav Áshlag, el fundador del Centro de Kabbalah, basó sus escritos, llamados *Hasulam* (o La escalera) y las *Diez emanaciones luminosas*, en los escritos del Arí y no en *Or Yakar*. El Arí ilustró su capacidad de elevarse por sobre los confines del tiempo no sólo para acontecimientos del pasado sino también del futuro. "Y yo, Jaim Vital, me senté en el hueco sur, y no sé quién se sentó allí delante de mí". Esta descripción revela un secreto kabbalístico para alcanzar niveles más elevados de conciencia.

Para lograr un nivel superior de conciencia, debemos pasar por esta paradoja: para alcanzar la certeza, debemos primero estar convencidos de que nada es seguro. Para llegar a saber, primero tenemos que estar totalmente convencidos de que no sabemos nada. Sólo cuando cumplimos con esta difícil condición nos encontramos en el camino de la certeza. El aspecto físico de nuestra existencia nos aleja de la posibilidad de realizar totalmente nuestra conciencia, incluyendo la intensidad total de nuestra realidad verdadera. Las limitaciones de los cinco sentidos y de la mente nos llevan indefectiblemente hacia la incertidumbre. Sin embargo, cuando reconocemos esta realidad y la abordamos con certeza, la Luz entra en nuestras vidas. Sin Luz no tenemos existencia, y por lo tanto nuestro conocimiento no tiene sentido.

Rav Jaim Vital se siente agradecido por no saber por qué eligió sentarse en aquel lugar, tras lo cual el Arí le revela que ese era el sitio de Rav Abba. Este episodio nos muestra no sólo que Rav Jaim Vital estaba vinculado al Arí de la misma manera que Rav Abba lo estaba a Rav Shimón, sino también que el alma de Rav Jaim Vital está conectada con la de Rav Abba. Como el propósito de Rav Jaim Vital no era intelectual, debía confiar en la Luz, y ésta debía provenir de su cualidad energética. Después de este suceso, Rav Jaim Vital trajo al mundo a su hijo, Rav Shmuel Vital, y puso las palabras del Arí por escrito, igual que Rav Abba lo había hecho con los escritos de Rav Shimón. ¿Por qué Rav Jaim Vital sintió la necesidad de sentarse precisamente en esa roca en el sur? La respuesta está escrita de la siguiente manera: "Uno de los miembros de la *Idra Raba* es de la raíz de mi alma, y es Rav Abba". Rav Jaim Vital revela que él no eligió ser el escriba de los escritos del Arí, que no lo hizo por el honor histórico que recibiría, sino porque era el propósito de su vida. En realidad, no tenía elección, pues la raíz de su alma estaba conectada con el alma de Rav Abba. De la misma forma que Rav Abba completó con éxito el Zóhar, Rav Jaim Vital trajo a la Luz su continuación: la explicación del Zóhar, también conocida como el *Kitvei HaArí*.

La conciencia espiritual no se traduce en poder mental, excepto cuando nos dejamos guiar por la Luz. ¿Acaso significa esto que el camino espiritual consiste simplemente en observar el *Shabat* y esperar que la Luz entre y nos muestre el sendero que tanto deseamos, hacia nuestro *tikún*? De ninguna manera. El Arí podría haber revelado a Rav Jaim Vital su destino en Tsefat; sin embargo, eligió caminar con él durante dos horas hacia la *Idra Raba*, una experiencia que lo ayudaría a comprender el propósito de su propia vida. Si éste es el caso, ¿qué debemos hacer para tener este tipo de experiencias? Fundamentalmente, tenemos que seguir activos y no ahorrarnos ningún esfuerzo. Rav Jaim Vital tuvo el mérito de ser el discípulo del Arí, pero en el Zóhar está escrito que en los tiempos del Mesías ya no habrá necesidad de maestros, porque todos, jóvenes y mayores por igual, estaremos conectados con la Luz. ¿Cómo es esto posible? En la actualidad, muchos estudiantes de la Kabbalah ni siquiera saben cómo leer arameo, ¿cómo pueden comprender entonces los secretos de la Kabbalah? La respuesta a estas preguntas se encuentra en las palabras de Rav Jaim Vital: "Sin siquiera saberlo". La conexión con la Luz y con todos los secretos de la Kabbalah no proviene del intelecto y no puede aprenderse en las universidades; sólo podemos encontrarla al conectarnos con la fuente de energía espiritual: la Luz del Creador, y las almas de los justos que han traído la sabiduría de la Kabbalah al mundo.

La herramienta para una conexión exitosa se halla en el alma que vibra a través de nuestro cuerpo. Todas nuestras almas estuvieron presentes en la Revelación en el Monte Sinaí, y por lo tanto todos sabemos los secretos de la Kabbalah. Todo lo que necesitamos es realizar las acciones físicas que nos conectarán con la fuente de nuestra alma y elevarán nuestra conciencia a otro nivel. La huella energética que dejó Rav Abba fue suficiente para despertar a Rav Jaim Vital a la conciencia inherente a su alma. El Zóhar nos dice que el arameo era la única lengua que se hablaba en el mundo antes del episodio de la Torre de Babel. ¿Hemos olvidado esta información? Por supuesto que no, porque el alma no "olvida". ¿Cómo podemos conectarnos con la información oculta en las profundidades de nuestra alma? Mediante la lectura del Zóhar. Esta acción nos conecta con la sabiduría que se halla en nuestras almas, de la misma forma que navegar por la "red" nos conecta con la información que está en diversos sitios de todo el mundo. No podemos anticipar qué pasará cuando accedamos a esos sitios; sólo sabemos cómo llegar a ellos. Algo muy similar ocurre en nuestro trabajo espiritual.

Sabemos cómo establecer la conexión espiritual y cómo despertar el alma dentro de nosotros. Con herramientas como el Zóhar y el *Kitvei HaArí*, los viajes espirituales a las tumbas de los *tzadikim* en los aniversarios de sus muertes y la participación en los programas cósmicos de *Shabat* y de las festividades, podemos conectarnos exitosamente con nuestras almas y revelar y conocer nuestra misión personal. Esta conexión también nos proporciona acceso a información que ha existido en las profundidades de nuestras vastas almas por cientos e incluso miles de años. El conocimiento de la lengua hebrea o aramea es innecesario; el alma ya sabe todo. En estas conexiones no estamos utilizando nuestras mentes, sino salvando la brecha entre el mundo material y el mundo de la verdad. Herramientas como el *Brij Shemei*, que recitamos en *Shabat*, nos conectan con la conciencia del 99%, con la verdad perfecta que se encuentra más allá de los confines de su realización. Así, estamos convirtiendo la conciencia del 1% para que pueda unirse con su esencia verdadera.

Cada vez que citamos a un *tzadik*, merecemos que su alma se aferre a la nuestra. Mediante la lectura de sus escritos, todos nos conectamos con el Arí y merecemos su ayuda y su guía.

Todo aquel que comience a aprender la Kabbalah está iniciando un camino hacia la revelación de un conocimiento poderoso capaz de eliminar el caos de nuestras vidas, aun cuando pocos alumnos sean conscientes o comprendan este concepto. Estamos acostumbrados a dudar de todas las respuestas que hallamos para solucionar nuestros problemas, con afirmaciones como: "es demasiado buena para ser verdad". Ésta es la marca registrada de los últimos 3.400 años. Puesto que todavía no hemos experimentado una vida libre de caos, nos resulta difícil imaginar esa situación. Pero a través de la Kabbalah, el caos pertenece sólo al mundo de la ilusión, mientras que el orden y la armonía pertenecen al mundo de la verdad.

Justo cuando el Arí estaba a punto de fallecer, Rav Jaim Vital dejó la habitación y entró Rav Isaac HaCohén. El Arí preguntó: "¿Adónde fue Jaim? ¿Por qué me dejó en este preciso momento?"; y Rav Yitsjak lamentó que Rav Jaim Vital se hubiera marchado, pues comprendió entonces que el Arí quería entregar sabiduría oculta a su amado discípulo. Así que Rav Yitsjak dijo: "¿Qué debemos hacer de ahora en adelante?", a lo que el Arí respondió: "Dile a todos mis discípulos que a partir de hoy no se conectarán con la sabiduría que les he enseñado, pues no la han comprendido correctamente. Sólo Rav Jaim Vital se conectará con ella, siempre que sea en secreto". El Arí añadió: "Y si eres digno, yo vendré y te enseñaré". Y su alma se fue con un beso.

Tishá BeAv
(9° DÍA DE LEO)

*S*egún el pensamiento religioso convencional, *Tishá BeAv* es significativo sólo por ser el día en que los Templos fueron destruidos. Pero, como ya sabemos, un acontecimiento físico nunca puede ser la causa, pues el mundo físico en sí mismo es puramente un efecto. La causa de todo lo que ocurre en el universo material sólo puede existir en el nivel espiritual. Pues bien, en *Tishá BeAv* la negatividad tiene el control total y el caos reina sobre toda la Creación. Este es el día en que el Templo Sagrado fue destruido; sin embargo, como la Luz y la oscuridad no pueden existir en el mismo lugar, *Tishá BeAv* es el único día en el cual o bien se elimina el caos del mundo o bien se destruye el Templo Sagrado. Ésta es la gran paradoja de la festividad y también su gran importancia. Aunque en ocasiones en *Tishá BeAv* ha reinado el caos, también puede revelarse una gran cantidad de Luz en ese día, una Luz que puede dar lugar al nacimiento del Mesías.

Así pues, nos reunimos en *Tishá BeAv* para revelar esta gran Luz en el mundo y apartar todos los aspectos del caos del universo entero. Es una pena que tantas personas ignoren *Tishá BeAv*.

Una de las grandes lecciones de Rav Brandwein es: presta atención a las cosas que parecen no tener importancia, y toma nota de los momentos durante el servicio de conexión en que las personas deciden tomarse un descanso o charlar con sus vecinos. Esos detalles, esos momentos aparentemente insignificantes, revelan la Luz más intensa de todas. *Tishá BeAv* es uno de esos momentos.

La Kabbalah afirma que la intención del Creador en *Tishá BeAv* es exactamente opuesta a la que suponemos. Ese día tenemos la oportunidad de destruir por nuestros propios medios la fuente y la semilla de todo caos. Es una oportunidad especial que sólo viene una vez al año, porque sólo en ese día todos los aspectos de la conciencia negativa están completamente presentes. Como el enemigo se concentra en un lugar, podemos destruirlo completamente de un solo golpe. *Av* es el mes de la Luz absoluta o de la oscuridad absoluta. El noveno día del mes expresa el fundamento de esta totalidad. La unión de todas estas cosas juntas, crea una perspectiva esperanzadora de lo que puede ocurrir en esta fecha en el plano espiritual.

Ahora consideremos la importancia de la influencia de la letra *Tet* en el mes de *Av*, especialmente en *Tishá BeAv*. *Tet* representa la morada donde habitan todos los que fueron, los que son y los que nunca serán. Cuando hablamos de *Tishá BeAv* y de la Luz del Mesías, estamos hablando del destino final y completo de todas esas almas. Cuando tenga lugar la revelación del Mesías, toda la Luz deberá ser revelada en el mundo. Ésta será la completitud de todo *tikún*. A partir de ese momento ya no habrá necesidad de que la letra *Tet* traiga más almas al mundo.

En *Tishá BeAv* nos arrebataron el Templo Sagrado; sin embargo, también es el día en el que nace el Mesías. Por eso *Tishá BeAv* no es sólo un día de duelo, como suele percibirse. La combinación paradójica de destrucción y redención en el mismo día está conectada con aquella cualidad de *Yesod* que se revela en el noveno día de cada mes. Todo el que ha aprendido las *Diez emanaciones luminosas* sabe que cada vez que nos enfrentamos con una paradoja, estamos ante un aspecto de la realidad verdadera. De hecho, si algo no es paradójico, ¡es una ilusión!

Un aspecto de la paradoja de *Tishá BeAv* es que a pesar de ser una festividad y el aniversario del nacimiento del Mesías, implementamos las cinco restricciones, las mismas que usamos en *Yom Kipur*. Estas restricciones —no comer, no beber, no usar zapatos de cuero, no tener relaciones sexuales y no bañarnos— nos permiten lograr una conexión superior con la Luz y así controlar nuestros destinos y el destino del universo entero, control que nos permite erradicar del mundo todos los aspectos del caos. Por contraste, *Tishá BeAv* es un día aparentemente común en el que somos incapaces de acercarnos a niveles espirituales superiores. Entonces, ¿qué ocurre realmente en *Tishá BeAv* y por qué debemos cumplir con las cinco restricciones?

El Zóhar nos enseña que el Templo Sagrado nunca fue destruido. En tal caso, ¿a qué se debe el duelo de los judíos? Todo aquel que no conoce las *Diez emanaciones luminosas* seguramente se preguntará por qué no podemos ver el Templo Sagrado; mientras que todo aquel que sí las conoce sabe que los sentidos nos exponen sólo la parte de la realidad circundante que no merece atención. El hecho de que no veamos el *Beit Hamikdash* (el Templo Sagrado) no significa que no exista. Tampoco vemos las ondas de radio y eso no significa que no existan. ¿Acaso *Tishá BeAv* existe con el solo propósito de recordarnos el sufrimiento de los Israelitas durante la Destrucción? El pueblo de Israel ha pasado por muchas adversidades; si recordáramos cada una de ellas, nos pasaríamos todo el año en pleno duelo y solemnidad.

La destrucción física del Templo Sagrado no podría haber sucedido sin una conexión causal con *Tishá BeAv*. Esta situación energética especial puede manifestarse tanto en la Destrucción del Templo como en el nacimiento del Mesías, lo cual es una visión completamente diferente de la concepción tradicional de *Tishá BeAv*. Ninguna persona puede lograr esta comprensión por sí sola, pues supera los límites físicos de la mente y los sentidos. En el nivel global precisamos ayuda de una fuente externa, y esta fuente es el Creador. La sabiduría kabbalística nos ha sido transmitida por el Creador mediante la figura de Moshé, documentada en los códigos cósmicos conocidos como la *Torá*, el Zóhar y el *Libro de la Formación*, escritos que nos proporcionan sabiduría y una profunda comprensión del universo: cuáles son los días positivos y cuáles los negativos, en qué días se transmite energía en el universo y en cuáles días podemos recibir apoyo cósmico.

¿Hubo alguna razón por la que se eligiera este día del mes *Av* para el acontecimiento cósmico en el cual el caos tiene el control? ¿Por qué es el día propicio? Como sabemos, hay dos meses en el año —*Tamuz* y *Av*— que nos ofrecen una dosis doble de energía comparada con el resto de los meses. Cinco planetas irradian su fuerza en dos signos zodiacales, que nutren diez meses del año. En cambio, la Luna concentra todo su poder en *Tamuz*, y el Sol concentra toda su energía en *Av*. Por ende, estos dos meses pueden poner de manifiesto cosas que ningún otro mes puede manifestar. No es casual que la energía de *Tamuz* se canalice en el universo a través de Cáncer, pues este signo tiene un nombre que produce temor en los corazones de todas las personas. El poder negativo de la enfermedad proviene del poder que la Luna revela a través del signo. De la conciencia de cada persona depende que el mes de *Tamuz* resulte en enfermedad o en perfecta salud. El destino que manifiesta la enfermedad viene determinado por la calidad de la semilla que se plantó en *Tamuz*.

Cáncer es un signo de agua. *Av*, por el contrario, es un signo de fuego. Se trata de dos entidades independientes. El agua puede ser muy positiva, pero cuando su energía se manifiesta con un exceso de juicio, puede ser letal. El fuego puede ser positivo y beneficioso, pero cuando se revela en exceso y de manera irrestricta —con juicio— no hay nada más destructivo. En *Tamuz*, el poder del agua se revela con juicio; y lo mismo ocurre con el fuego en el mes de *Av*. La Kabbalah nos enseña formas de gobernar esas fuerzas negativas para conectarnos de forma equilibrada con la energía positiva que se revela en estos meses y aprovecharla para nuestro beneficio. Sin este conocimiento, estamos destinados a sufrir y, posiblemente, a ser lastimados en dichos periodos.

No hay lugar para la religiosidad en el mundo, sea cual fuere su marco espiritual. El Israelita sustenta al mundo entero con la Luz del Creador; de modo que mientras el Israelita permanezca en la oscuridad y no practique el principio de "ama a tu prójimo como a ti mismo", siempre habrá conflicto, violencia y problemas ecológicos en nuestro planeta. Pero si en *Tishá BeAv* nos comprometemos a restringir el Deseo de Recibir Sólo para nosotros Mismos, y mediante las cinco prohibiciones convertimos ese deseo de gratificación instantánea en un Deseo de Compartir con los demás habitantes de la tierra, un cambio verdadero en el curso de la historia puede comenzar a producirse en este día. Es así como podremos hacer realidad la Redención Final. Es así como nacerá el Mesías.

En *Tishá BeAv* no lloramos la pérdida del Templo, pues el Templo nunca fue destruido. Simplemente su apariencia física fue ocultada a nuestros ojos. Lo que sí se destruyó y lo que deberíamos llorar es la pérdida del Templo espiritual, la vasija metafísica que se halla en el corazón de cada Israelita en el mundo. Pero la forma de expresar nuestro luto por la destrucción de la vasija metafísica no debería suceder a través de una depresión profunda, sino de la restricción —mediante las cinco prohibiciones— del Deseo de Recibir que causó la destrucción. En este día, entonces, debemos conectarnos con felicidad y amor al Árbol de la Vida, y canalizar responsablemente la Luz que se revela a toda la Creación.

Por ese motivo, Rav Shimón Bar Yojái, en la sección *Behaaloteja* del Zóhar, afirmó que quienes vivieran en la Era de Acuario tendrían una gran oportunidad pero también correrían un gran riesgo, pues es esta generación la que recibirá al Mesías. ¿Debemos lamentarnos por los que vivan en esos tiempos, o alabarlos? La respuesta depende de nosotros. Aquellos que sean capaces de conectarse con la Luz de manera equilibrada serán dignos de la llegada del Mesías y experimentarán todas las bendiciones que merecen. Quienes no comprendan el mensaje que ofrece la *Torá* verán cómo su situación empeora día a día.

En la noche de *Tishá BeAv*, la conexión más fuerte con la energía positiva revelada en la festividad es la lectura de la sección del Zóhar titulada *Meguilat Eijá*. Quienes no comprendan el arameo pueden conectarse con la energía concentrada en el texto sencillamente recorriendo las letras con la vista. Sólo el poder del alfabeto arameo es capaz de conectarnos con la energía espiritual que se emite por todo el universo. Sólo las letras arameas son capaces de canalizar la Luz hacia nosotros. Gracias a este escaneo visual, nuestras mentes se enfocan y adquieren la capacidad de manifestar el potencial positivo concentrado en la Luz.

La lectura de *Meguilat Eijá* nos permite aprender que la verdadera razón de la Destrucción fue el odio sin motivo entre los judíos. Todos podemos odiar a alguien que nos ha lastimado, esto es algo normal. Pero sólo el odio sin motivo alguno puede causar que el Templo Sagrado desaparezca ante los ojos de la mayoría de los humanos. En el proceso de nuestra conexión con el tremendo poder de *Tishá BeAv*, debemos comprometernos a limpiar y alejar de nosotros mismos la fragmentación y cualquier rastro de odio, ya que lo único que consigue el odio hacia otros es conectar al que odia con el caos y el juicio. Por eso debemos intentar no odiar a nadie. Pronto, en los tiempos del Mesías, las personas amarán a su prójimo tan libremente como hoy odian, sin ninguna razón. La situación de amar sin motivo prevalecía entre los Israelitas en *Purim*, y triunfará nuevamente en los tiempos del Mesías. No estoy intentando persuadirte para que sientas amor e interés por aquellos que no conoces, pero al menos en nuestros círculos más inmediatos deberíamos hacer el esfuerzo por borrar cualquier rastro de odio de nuestro interior. Mientras estemos en contacto con el odio, no podremos conectarnos con la energía de vida que se revela en *Tishá BeAv*.

En la noche de *Tishá BeAv*, nos sentamos a la luz de las velas y no usamos luces eléctricas. Según la tradición, esto es un símbolo de duelo. Sin embargo, también encendemos velas antes de *Shabat* y de las festividades; en los restaurantes exclusivos, los clientes atenúan las luces y comen a la luz de las velas. En *Tishá BeAv* nos conectamos con el lado festivo de la vela, con su llama blanca (y no con su lado negativo, el pabilo con hollín). Ésta es la garantía que recibimos de la Kabbalah.

Nos sentamos en el suelo y meditamos para atraer la energía que no está disponible en ningún otro momento del año; meditamos para que esa energía llene el mundo de salud, orden, armonía y vida. Pero no sólo nos sentamos en el suelo, también ayunamos, no usamos zapatos de cuero, no tenemos relaciones sexuales, no nos bañamos ni nos ponemos cremas o lociones, igual que en *Yom Kipur*. El calzado de cuero se evita porque aísla de la energía del suelo. Como es importante para nosotros conectarnos con el suelo, elegimos no llevar calzado de cuero. El poder de atracción del suelo se expresa físicamente en la cualidad espiritual kabbalística conocida como *Maljut*, significada por el Deseo de Recibir. Cuando nos sentamos en el suelo en *Tishá BeAv* nos conectamos con el poder de *Maljut* y, a través de la tierra, podemos regresar y conectarnos con la Luz del Creador, la cual sólo podíamos atraer antes por medio del Templo Sagrado. Debemos elevarnos hasta una conciencia alternativa en la cual en realidad el Templo Sagrado nunca fue destruido, según nos notificó Rav Shimón. El Templo existe sólo para aquellos que saben cómo conectarse a él.

Esta conciencia es la llave para la redención, y también es la explicación del argumento acerca de quién es digno de leer el *Meguilat Eijá*. El verdadero significado de la pregunta es éste: ¿Quién es capaz, por medio del orden del *Álef-Bet* de los versos en *Meguilat Eijá*, de causar la Redención Final? Y la respuesta es: sólo aquellos que ven que todas las expresiones del caos son sólo ilusorias, aquellos que son capaces de ver literalmente el Templo Sagrado de pie en el monte Moriá. Debemos concentrarnos en la conexión inherente a *Tishá BeAv* para traer la conciencia del Mesías al mundo y alejar todos los aspectos del caos. Y la única manera de eliminar el caos es sabiendo que en realidad el caos no existe.

Tu BeAv
(15° DÍA DE LEO)

En el *Talmud de Babilonia Tratado Taanit*, capítulo 4, página 106, está escrito:

Rav Shimón Ben Gamliel dijo: "No hay días mejores en Israel que *Tu BeAv* y *Yom Kipur*. En *Tu BeAv* las hijas de Jerusalén salen vestidas con ropas blancas prestadas, para que aquellos que no tengan prendas sean vestidos, y celebran en los viñedos. ¿Y qué dicen? 'Niño, ¡levanta tus ojos y mira qué selección tienes! No dejes que tus ojos miren en nosotros los ornamentos, deja que tus ojos busquen una familia'".

Esta idea de pedir prendas de vestir prestadas de otra persona contribuye al respeto por los pobres y fortalece el sentimiento de unidad y amor entre las personas. Es una costumbre inusual, una que no se menciona con referencia a ninguna otra festividad. Por otra parte, el *Talmud* describe aspectos adicionales acerca de hombres jóvenes que salen a elegir un alma gemela. Ésta es la primera descripción que encontramos de *Tu BeAv*, a excepción de la que aparece en el *Kitvei HaArí*.

En este día se nos promete que encontraremos almas gemelas y que mereceremos vidas conyugales felices. Pero, ¿por qué en este día en particular? El *Talmud* de Jerusalén y el Arí explican la conexión entre *Tu BeAv* y *Yom Kipur*. Dicen que un hombre que se casa con una mujer por el bien del cielo —es decir, cuyo matrimonio no se basa en el Deseo de Recibir Sólo para sí Mismo, sino en contribuir al *tikún* del universo entero— merece la misma eliminación de los pecados que tiene lugar en *Yom Kipur*. Mientras que algunos se casan por la belleza o el dinero, hay otros que buscan un alma gemela con el propósito de avanzar en el proceso de *tikún* personal y global. Una relación por el bien del cielo apoya la conciencia de *Zeir Anpín*, el Deseo de Compartir abundancia con el mundo, y por lo tanto, fortalece todo el universo.

Hay exactamente medio año entre *Tu BeAv* y *Tu Bishvat*. Estos dos festivales se oponen como el polo norte y el polo sur de la tierra. *Tu Bishvat* se considera una "festividad pequeña" porque no hay *mitzvot* especiales, lecturas especiales de la *Torá*, ayunos ni prohibiciones asociadas con ella. Pero todo aquel que piense que por ello es una festividad insignificante está muy equivocado. La fuente de los acontecimientos relacionados con esta festividad se arraiga en un lugar más allá del marco de los sentidos y del mundo material, igual que *Purim*. La *mitzvá* comúnmente asociada con esta festividad es la de embriaguez hasta el punto de la incoherencia, una práctica que se considera pecaminosa en cualquier otro día. Hay una relación entre *Tu Bishvat* (Acuario, un signo de aire) y *Tu BeAv* (Leo, un signo de fuego). Estos dos signos, de aire y fuego, se apoyan y complementan mutuamente y cada uno tiene gran importancia. Ambos caen en el 15° día del mes, cuando la Luna está llena y brilla sobre nosotros con la totalidad de la Luz del Sol, sin ninguna interferencia. Que la Luna aparezca llena desde la perspectiva de la tierra avala la unificación de *Zeir Anpín* y *Maljut* en el 15° día del mes. Por lo tanto, el 15° día de cada mes es ideal para nuevos comienzos.

Tu BeAv es el mejor día de todos porque en su transcurso se revela la fuerza total del Sol, de *Zeir Anpín*. Ésta es la fuente de poder del signo de Leo y la razón por la que el león es el rey de la selva. El león es el canal de la revelación de la energía de *Zeir Anpín* en el mundo. Las energías de la conciencia de pensamiento que guían el mundo descienden en abundancia a través de un sistema de canales. Al principio se manifiestan en el ámbito planetario; luego se expresan a través de los signos y finalmente se materializan en la superficie de la tierra. El león, igual que toda persona nacida bajo la influencia del signo de Leo, es un canal que nos conecta directamente con el sistema que proporciona al mundo la energía de *Zeir Anpín*, tanto de modo positivo: sosteniendo la vida, como de modo negativo: creando muerte y destrucción.

En *Tu BeAv* comienza una unión entre el Sol y la Luna. El poder del Sol se revela en el mes de *Av*, causando la revelación más grande de Luz sobre nosotros. Por lo tanto, en *Tu BeAv* esta unión nos da un poder mayor que en ningún otro momento del año. Una conexión no armoniosa con el poder del Sol puede traer el holocausto al mundo, como vimos cada vez que se quemó el Templo Sagrado. La Destrucción del Templo fue sólo una expresión externa del patrón destructivo y caótico en el que había caído el mundo. No existe la distinción entre el bien de los Israelitas y el bien del mundo. Cuando el Israelita sufre, el universo entero sufre. El mundo todavía no ha sido testigo de una situación que haya sido mala para el bienestar del Israelita y buena para el resto de la humanidad. Si el Israelita atrae el juicio al mundo, todos los habitantes de la tierra son sometidos a ese juicio. Si el israelita atrae la energía negativa, todo el mundo se aflige. Y si el Israelita revela Luz de manera equilibrada, toda la humanidad camina erguida mientras los animales se arrastran por el suelo. Cuando una persona se siente bien, se comporta de manera positiva. Por eso la responsabilidad del comportamiento de la humanidad descansa en manos del Israelita y de sus acciones.

Hay una fuerte conexión y similitud entre *Tu BeAv* y *Tu Bishvat*, el Año Nuevo de los Árboles. La energía interna del árbol es *Zeir Anpín*, el Deseo de Compartir con otros. Por lo tanto, el árbol no está sujeto al Deseo de Recibir Sólo para sí Mismo, como es característico de la fuerza gravitacional de la Tierra; ésa es la razón por la que crece hacia arriba. Además, mediante la fotosíntesis, los árboles purifican y reciclan incansablemente el aire que respiramos. Los investigadores han encontrado que sin el "pulmón verde" de Central Park, la vida no podría existir en Nueva York. He aquí la importancia de los árboles y el motivo por el cual el Año Nuevo de los Árboles está regido por un signo de aire. Plantamos árboles en *Tu Bishvat* porque en ese momento recibimos el apoyo cósmico de la energía de compartir o *Zeir Anpín*. En *Tu BeAv*, *Maljut* recibe la oportunidad de conectarse con la conciencia de *Zeir Anpín*, representada en el universo por el Sol y expresada en la Tierra por el reino vegetal.

Av es el más negativo de los tres meses negativos del año. En tales meses se nos advierte que no comencemos nada nuevo, incluso en los martes, pese a que generalmente el martes se considera un día positivo. La cantidad de Luz revelada podría inundarnos como un diluvio. Y así como puede haber una inundación de agua, también puede haber una inundación de fuego. Por eso tomamos medidas preventivas durante *Av*. De acuerdo con el Zóhar, *Av* es un período peligroso a causa del alto nivel de energía que se transmite al universo. La energía en sí misma no es negativa, pero su fuerza supera lo que nuestras vasijas pueden manejar sin ser dañadas. Esta ley se aplica a todo el mes excepto un día: *Tu BeAv*. En general nos abstenemos de comenzar cosas nuevas en la segunda mitad de cada mes lunar; pero en *Tu BeAv*, la unificación completa entre *Zeir Anpín* y *Maljut* ofrece un apoyo cósmico equilibrado para todas las relaciones y todos los comienzos. De ahí que este día sea bueno para casarse y para emprender nuevos negocios. Según el *Talmud*, por ofrecernos una dosis equilibrada de la energía del Sol y de la energía de Leo, *Tu BeAv* es similar en naturaleza a *Purim*, la única festividad que celebraremos para siempre.

Por otra parte, el Arí nos enseña que siete eventos positivos ocurrieron en *Tu BeAv*, los cuales se corresponden con las Siete *Sefirot*. También aprendimos que cuando algo se manifiesta a través de las Siete *Sefirot* de *Jésed* a *Maljut* (ver Diagrama 3), recibe completitud en nuestro mundo. Los siete acontecimientos positivos ocurrieron en este día a fin de cumplir y activar la conexión total entre la Luz y la vasija.

Uno de estos siete episodios fue el perdón del pecado de la Tribu de Benjamín y el otorgamiento del permiso de casarse con miembros de esa tribu. Este acontecimiento expresa una manifestación de unidad que es la conciencia central del día. En términos prácticos, en realidad es el único día perfecto para comenzar nuevos proyectos o crear cualquier tipo de unidad. De acuerdo con el Zóhar, el otro día positivo en el que hay unidad entre *Zeir Anpín* y *Maljut* es el primero de *Jeshván*, durante el cual el mundo recibe una cantidad enorme de energía de vida. Pero aun así no es comparable con *Tu BeAv*. *Jeshván* está regido por el signo de Escorpio, haciendo su nombre *Mar-Jeshván*, o *Jeshván* amargo. ¿Por qué se le da este nombre? Porque el Gran Diluvio comenzó en el mes de *Jeshván*. ¿Y por qué el diluvio comenzó precisamente en este mes? Porque en *Jeshván* los poderes celestiales crean un ambiente espiritual en el que puede ocurrir un diluvio. No hay festividades durante *Jeshván*. Pero, ¿por qué llegamos al extremo de llamar al mes de *Jeshván* "amargo" o *Mar*? ¿Acaso la masacre de miles de personas y la Destrucción del Templo no son amargura suficiente? El mes de *Av* no se llama amargo, sino lo opuesto: *Menajem-Av*: el mes de la consolación.

La solución a estas complejidades reside en la congruencia entre la vasija y la Luz. En *Jeshván* se revela una Luz tremenda, pero la vasija no es apropiada y esa fue la razón del Gran Diluvio. *Tu BeAv* permite un ensamble perfecto entre la Luz y la vasija, lo cual facilita una gran revelación de Luz, razón por la que este mes contiene la clave de la Redención, del consuelo y de la llegada del Mesías. En *Pésaj* (Pascua) existe una paradoja. *Nisán* puede ser un mes negativo si no nos conectamos con la energía que se transmite en la noche del *Séder* y no la revelamos en el mundo con la conciencia adecuada, tal como nos enseña la Kabbalah. Si no estamos en armonía con el universo, somos presa del aspecto negativo de cualquier mes. La *Torá* nos dice (*Deuteronomio* 30:19): "(...) Os he puesto delante la vida y la muerte, la bendición y la maldición; escoge, pues, la vida".

En el día 15° de *Nisán* debemos realizar las *mitzvot* a fin de conectarnos con la Luz, aunque nos encante el pan de trigo integral orgánico. Pero en *Tu BeAv* no necesitamos cumplir con ninguna restricción para manifestar el potencial oculto en la Luz. Todo el bien que está en potencia en *Nisán* se revela en *Av*. Para conectarnos con la Luz en *Nisán*, debemos dedicarnos a acciones específicas de elección o intención; sin embargo en *Av* la conexión se produce independientemente de todo. Ese día celebramos con justa comprensión el significado de _Tu BeAv_. Así es; no se requiere nada más, en esta festividad podemos conectarnos con la Luz sin ningún esfuerzo. Por lo tanto, _Tu BeAv_ es magnífico para encontrar pareja y una gran felicidad.

En _Tu BeAv_, las hijas de Jerusalén solían salir vestidas de blanco y celebraban en los viñedos con un baile circular. La conciencia que las jóvenes tenían en _Tu BeAv_ era la del círculo: la conciencia de la eternidad, la santidad, y un flujo de energía equilibrado, que es exactamente la conciencia de la unión perfecta entre _Zeir Anpín_ y _Maljut_. La conciencia circular está conectada ante todo a _Or Makif_ o la Luz circundante: la conciencia que unifica y abraza el universo entero, y que se expresa en una dimensión cuántica. Mediante esta conciencia podemos lograr la unidad total con todas las creaciones del universo. Esto nos permite eliminar el caos del mundo y conquistar la realización verdadera y duradera. Por lo tanto, ésta es la conciencia ideal para encontrar nuestra alma gemela. Con la ayuda de esta conciencia, somos capaces de encontrar a nuestra alma gemela para casarnos con ella, así como socios de negocios y amigos. La conexión con la energía que se transmite en el universo en _Tu BeAv_ permite el sostén, el fortalecimiento, el equilibrio y la recuperación de todas las relaciones.

Pero si la energía de _Tu BeAv_ es tan universal, ¿por qué el _Talmud_ habla solamente de las hijas de Jerusalén? ¿Por qué las mujeres del mundo no visten sus vestidos más finos, independientemente del color que sean? Después de todo, cada mujer tiene un color que le sienta mejor. El Arí responde a éstos y otros interrogantes, y explica que tanto el *Talmud* como la *Torá* sólo nos dan pistas y alusiones. El secreto de la relación entre *Tu BeAv* y *Yom Kipur* se halla al final de los rezos que se recitan en *Yom Kipur*, cuando la congregación grita: *"HaShem Hu HaElokim"* ("HaShem es Elokim"). Esta declaración representa la unificación entre *Zeir Anpín* (el Tetragramatón) y *Maljut* (Elokim), precisamente lo que ocurre en el universo durante *Tu BeAv*.

El Arí aclara que *Tu BeAv* alimenta a *Biná*, tal como lo hace *Yom Kipur*. En *Yom Kipur*, *Zeir Anpín* y *Maljut* se encuentran en *Biná*, el almacén universal de energía espiritual. No todos los días podemos llegar a *Biná*, pero en *Tu BeAv* y en *Yom Kipur* es posible. En ambos días, la Luna no requiere del Sol para brillar, sino que recibe su Luz directamente de *Biná*, sin la dilución o filtro de *Zeir Anpín*, actuando tal como lo hace el Sol. Y cuando hablamos acerca de la Luna, también nos referimos a nosotros mismos y al resto de los habitantes de la tierra en el mundo de la ilusión física, el mundo del caos y las leyes de Murphy. En los dos días, la Luz de *Biná* perfora los velos y sostiene a todo aquel que quiera conectarse, sin disminución, con la misma intensidad con que sostiene al Sol. Pero para lograrlo, primero debemos ser conscientes de ello. Aquellos que piensen que en *Tu BeAv* la Luz de la Luna no es más que un reflejo de los rayos del Sol, igual que cualquier otra noche del año, no podrán recibir la energía de este día poderoso y, en consecuencia, no podrán lograr que la mente controle la materia.

La relación entre *Tu BeAv* y *Yom Kipur* también le da otro significado a *Tu BeAv*: en este día se nos otorga la misma oportunidad que en *Yom Kipur*: ser perdonados y absueltos de todos nuestros pecados.

El Arí continúa explicando por qué las hijas de Jerusalén salieron a los viñedos. Los viñedos nos conectan con la energía del vino. Y como sabemos, el vino es la herramienta que nos conecta con la energía espiritual que se transmite en el universo. Ésa es la conexión que hacemos en cada *Kidush*. Un viñedo es la expresión perfecta del Mundo de la Verdad. En otras palabras, las jóvenes en realidad no tenían que ir a los viñedos ni tenían que viajar de Jerusalén a Zijrón Yaacov; debían manifestar en su conciencia la energía especial del día, la energía de una conexión total y armoniosa entre *Zeir Anpín* y *Maljut*. Esto ocurre cuando una pareja se casa y es también la condición del cosmos en *Yom Kipur*. Por lo tanto, en el día de su boda, una novia y un novio logran su *tikún* y son purificados de todos sus pecados pasados. Un día de boda es como un *Yom Kipur* personal para los novios, y por eso tradicionalmente ayunan el día anterior a la ceremonia.

Purim es de un nivel aun superior que *Yom Kipur*. En *Purim* podemos alcanzar *Jojmá*, el almacén que sostiene a *Biná*. Pero para lograrlo debemos escuchar la lectura de *Meguilat Ester* y transformar así nuestra conciencia en la de los Israelitas de Shushan 3.000 años atrás. En *Purim*, la conexión que formaron los Israelitas con la Luz fue tan perfecta, que permitió a todas las personas que vivieron en esos tiempos completar su *tikún*.

La festividad de *Tu BeAv* no es tan poderosa, por
supuesto, pero es capaz de establecer una infraestructura
espiritual que eventualmente nos permitirá completar
nuestro *tikún*, a pesar de que no se nos pida que hagamos
ninguna acción específica ni que participemos de las lecturas
de *Meguilot* o de la *Torá*. Para impedir la acumulación del Pan
de la Vergüenza es necesario cumplir con un solo requisito:
establecer dentro de nosotros mismos una vasija espiritual
capaz de soportar la tremenda Luz para que nos sea
favorable. Esta vasija tiene sólo una fuente: la conciencia de
la unidad. Por este motivo la Tribu de Benjamín fue capaz de
reunirse con el resto de Israel en *Tu BeAv*. Mientras no
hubiera unidad entre las tribus, la posibilidad de conectarse
con la energía que se revela en el universo en *Tu BeAv*
quedaría desvirtuada. La incertidumbre y la separación
desembocan en el caos. La certeza y la continuidad
desembocan en la unidad. Estos últimos elementos son
interdependientes en el sentido de que la conciencia de
unidad y la realización de "ama a tu prójimo como a ti
mismo" son clave para eliminar el caos de nuestras vidas y
manifestar continuidad y certeza. Es para despertar dentro
de nosotros el poder de la unidad y preparar la vasija para la
Luz de *Tu BeAv* que hacemos un evento especial que debe
incluir una comida. Asimismo, deberíamos recordar que esta
vasija espiritual también es precursora en traer al Mesías al
mundo y manifestar la Redención con misericordia.

Finalmente, Rav Shimón dijo que sólo hay una forma
de iluminar el camino de la *Torá*, de traer al Mesías al mundo
y manifestar la Redención con misericordia. Ese camino es el

Zóhar. Vivir sin el Zóhar es como manejar de noche sin faros; no podemos ver las señales que nos indican el camino ni sabemos dónde girar, por lo cual avanzamos muy lentamente por el camino de la vida. Sin el Zóhar, no podemos comprender el *Talmud* ni saber que el viñedo no es sólo un lugar donde crecen las uvas. Sólo el Zóhar nos dice que el viñedo es un código para la conciencia de *Zeir Anpín*. Es deber de cada uno de nosotros acercar el Zóhar a nuestras vidas para iluminar las señales a lo largo del camino y desterrar la oscuridad y el caos de nuestra existencia.

Diagrama 1

El Reino Superior

Las Siete Sefirot

Diagrama 2

El Reino Superior

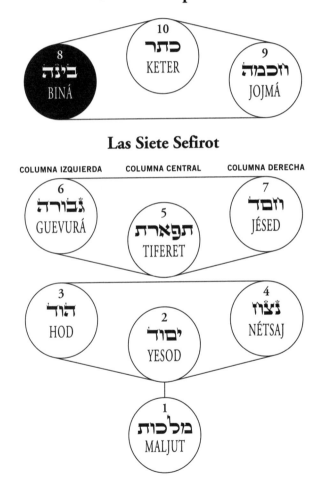

Las Siete Sefirot

COLUMNA IZQUIERDA   COLUMNA CENTRAL   COLUMNA DERECHA

Diagrama 3

El Reino Superior

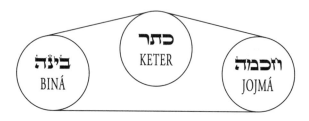

Las Siete Sefirot

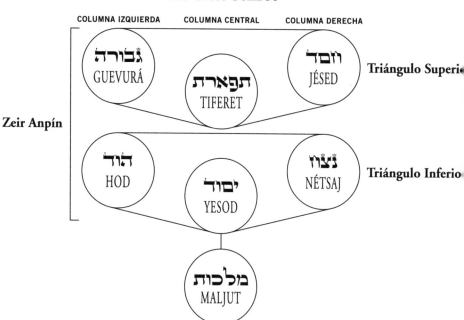

Diagrama 4

El Reino Superior

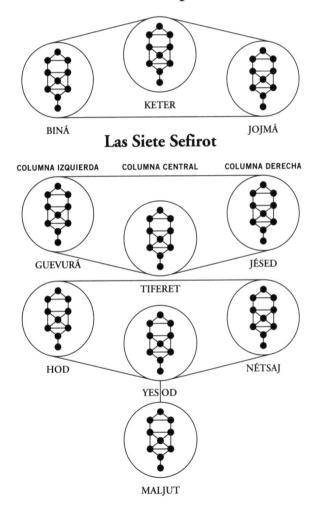

KETER

BINÁ   JOJMÁ

Las Siete Sefirot

COLUMNA IZQUIERDA   COLUMNA CENTRAL   COLUMNA DERECHA

GUEVURÁ   JÉSED

TIFERET

HOD   NÉTSAJ

YESOD

MALJUT

Diagrama 5

Plato del Séder

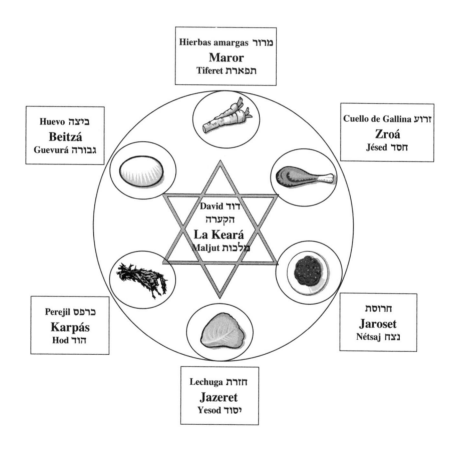

Diagrama 6

Tikún Hanefesh

מוח שמאל	גלגתא	מוח ימין
CEREBRO IZQUIERDO	CEREBRO	CEREBRO DERECHO
BINÁ בינה	KÉTER כתר	JOJMÁ חכמה
יְהֹוָה	יְהֹוָה	יַהֹוָה
YE HE VE HE	YA HA VA HA	YA HA VA HA
3	1	2

עין שמאל	חוטם	עין ימין
OJO IZQUIERDO	NARIZ	OJO DERECHO
יהוה יהוה		יהוה יהוה
יהוה		יהוה
יהוה יהוה 5		יהוה יהוה 4
7 אזן שמאל		אזן ימין 6
OÍDO IZQUIERDO		OÍDO DERECHO
יוד הי ואו הה	9 8	יוד הי ואו הה

פה
BOCA
יוד הי ואו הי (אהיה)
אוזה״ע ג׳יכ״ק דטלנ״ת זסער״ץ בומ״ף 10

זרוע שמאל	גוף	זרוע ימין
BRAZO IZQUIERDO	CUERPO	BRAZO DERECHO
GUEVURÁ גבורה	TIFÉRET תפארת	JÉSED חסד
יְהֹוָה	יְהֹוָה	יַהֹוָה
Y' H' V' H'	YO HO VO HO	YE HE VE HE
12	13	11

ירך שמאל	ÓRGANOS REPRODUCTORES	ירך ימין
PIERNA IZQUIERDA	YESOD יסוד	PIERNA DERECHA
HOD הוד		NÉTSAJ נצח
יְהֹוָה	יודהווודהו	יְהֹוָה
YU HU VU HU	YU HU VU HU	YI HI VI HI
15	16	14

MALJUT עטרה מלכות
יְהֹוָה
YUD HEI VAV HEI
17

Más Libros del Rav Berg

Días de Poder - Primera Parte

Según la Kabbalah, las festividades, las lunas nuevas y los aniversarios de muerte de las almas iluminadas son ventanas cósmicas para beneficiarnos de las energías de transformación. Cada mes presenta una oportunidad de conectarnos con bendiciones únicas. En Días de poder, el erudito Kabbalista Rav Berg describe las ceremonias espirituales asociadas con las festividades y explica su significado con profundidad, precisión y pasión, ofreciéndonos una conciencia que podemos utilizar para infundir positividad en nuestras vidas. El Rav da vida a las festividades, que pasan de ser conmemoraciones de acontecimientos históricos a oportunidades dinámicas para el cambio y el crecimiento. Desde esta perspectiva, observar las festividades no es una obligación religiosa, sino una elección que podemos hacer con el propósito de transformarnos a nosotros mismos y al mundo que nos rodea.

En la primera parte, Rav Berg nos ayuda a preparar nuestra conciencia y ofrece una compresión profunda sobre los primeros cuatro meses del año comenzando por Rosh Hashaná.

Astrología Kabbalística: Y el Significado de Nuestras Vidas

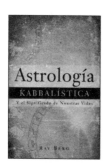

La Kabbalah ofrece uno de los usos más antiguos de la astronomía y astrología conocidos por la humanidad. Más que un libro sobre horóscopos, *Astrología kabbalística* es una herramienta para entender la naturaleza del ser humano en su nivel más profundo, y poner ese conocimiento en práctica inmediatamente en el mundo real. Rav Berg explica por qué el destino no es lo mismo que la predestinación, explicando que tenemos muchos futuros posibles y que podemos ser los amos de nuestro porvenir. *Astrología kabbalística* revela los desafíos que hemos enfrentado en encarnaciones anteriores, y por qué y cómo tenemos que superarlos aún.

Nano: Tecnología de la mente sobre la materia

Kabbalah es todo acerca de obtener el control sobre el mundo físico, incluyendo nuestra vida personal, en el nivel más fundamental de la realidad. Se trata de alcanzar y extender el poder de mente sobre materia y desarrollar la habilidad de crear plenitud, alegría, y felicidad al controlar todo al nivel más básico de existencia. De esta manera, Kabbalah es anterior y presagia la tendencia más apasionante en los desarrollos científicos y tecnológicos más recientes, la aplicación de la nanotecnología a todas las áreas de la vida para crear resultados mejores, más fuertes, y más eficientes. En Nano, el Rav desmitifica la conexión que hay entre la antigua sabiduría de la Kabbalah y el pensamiento científico actual, y muestra como la unión de ambos pondrá fin al caos en un futuro previsible.

Inmortalidad

Este libro cambiará la forma en que percibes el mundo, si abordas su contenido con una mente y un corazón abiertos. La mayoría de las personas, entienden la vida al revés y temen y luchan contra lo que perciben como inevitable: el envejecimiento y la muerte. Pero según el gran Kabbalista Rav Berg y la antigua sabiduría de la Kabbalah, lo que es inevitable es la vida eterna. Con un cambio radical en nuestra conciencia cósmica, y la transformación de la conciencia colectiva que vendrá a continuación, podremos provocar la desaparición de la fuerza de la muerte de una vez por todas, en esta "vida".

La Educación de un Kabbalista

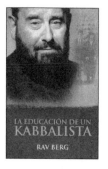

Esta memoria profundamente emotiva ilumina la relación del Rav Berg con su maestro, el gran Kabbalista Rav Yehudá Brandwein, así como el desarrollo del Centro de Kabbalah, la organización más grande dedicada a difundir la sabiduría de la Kabbalah. Este es, sencillamente, el libro más honesto, certero y emocionalmente conmovedor jamás escrito acerca de un hombre que en verdad vive los principios de la Kabbalah en el mundo contemporáneo. Ningún aspecto de la Kabbalah es más importante que la relación entre maestro y estudiante. En La Educación de un Kabbalista, este elemento esencial cobra vida de manera inolvidable.

Más Libros que pueden ayudarte a incorporar la sabiduría de la Kabbalah a tu vida

Dios usa lápiz labial
Por Karen Berg

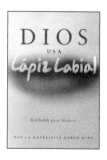

Este revolucionario y exitoso libro revela el poder que es innato en cada mujer. Desde una perspectiva kabbalística, Karen Berg explica el significado profundo de la vida y ofrece soluciones tangibles a los problemas que enfrentan las mujeres hoy en día. Karen indaga en el propósito espiritual de las relaciones –alcanzar nuestro potencial más elevado– y la mejor forma de enriquecer nuestra conexión con nuestro propio ser, nuestra pareja, nuestros hijos y Dios.

...Continuará...: *La reencarnación y el propósito de nuestras vidas*
Por Karen Berg

Tener conciencia del viaje de nuestra alma crea un contexto que nos ayuda a guiar nuestras vidas y apreciar lo que se nos ha otorgado. Con este conocimiento, nuestra alma finalmente logrará —con el paso de muchas vidas, para estar claros— entender todas las lecciones para unir todos estos fragmentos. Mientras lo hace, el alma reúne las chispas de Luz hacia sí misma y al final regresa completa a la fuente de toda Luz, el Creador. La primera parte habla del proceso de reencarnación, cómo y por qué ocurre. En la segunda parte los lectores aprenden sobre los desafíos de la vida y por qué es importante recibirlos como una parte necesaria del trabajo de nuestra alma. En la tercera parte la persona puede detectar las lecciones de vidas pasadas al utilizar las herramientas kabbalísticas como los ángeles, la astrología, la lectura de la palma de la mano y las líneas del rostro. La muerte no es el fin del juego, sino simplemente una oportunidad para hacerlo de nuevo. No tenemos nada que temer. La vida continuará...

Las reglas espirituales de las relaciones
Por Yehuda Berg

Después de más de una década desde que el arrollador bestseller *The Rules* (Las reglas) aconsejara a las mujeres sobre cómo encontrar al "hombre ideal", ahora es el momento para un nuevo compendio de reglas con un enfoque más espiritual. Este libro describe las relaciones desde una perspectiva kabbalística y explica qué hace que funcionen (o dejen de funcionar); revela que es la mujer quien tiene el poder de determinar el resultado; e identifica las diferencias que hacen que hombres y mujeres piensen y actúen de forma diferente. A pesar de que no es una compilación de consejos para ligar, sus reglas funcionan. Tienen que funcionar: son las leyes del universo. Los lectores aprenden el verdadero significado del término "alma gemela" y por qué es mejor que un hombre persiga a una mujer, y no al contrario. Estas son más que simples reglas de las relaciones, son reglas para crear una vida más feliz y satisfactoria.

El Poder de Kabbalah (Revisado y Actualizado)
Por Yehuda Berg

La realidad que conocemos es la realidad física, es decir, la realidad en la que vivimos. Sin embargo, hay otra dimensión, el mundo más allá de los cinco sentidos. Todo lo que realmente deseamos: amor, felicidad, paz mental, libertad, inspiración y respuestas, todo está a nuestro alcance cuando nos conectamos con esta otra realidad. El problema es que la mayoría de nosotros se desconectó de esa dimensión sin querer. Imagina que fuese posible tener acceso a esa fuente a voluntad y continuamente, ese es el poder de la Kabbalah. Este libro fundamental tiene nuevo contenido y es más aplicable a los desafíos actuales. Usa los ejercicios presentes en el libro para liberarte de creencias y hábitos comunes que te llevan a tomar malas decisiones. Los lectores descubrirán cómo hacer que sus acciones vayan de acuerdo con su propósito principal y serán más concientes de las posibilidades infinitas dentro de su propia vida

Inteligencia angelical
Por Yehuda Berg

Descubre cómo billones de ángeles existen y dan forma a este mundo, y cómo, a través de tus pensamientos y acciones, tienes el poder de crearlos, ya sean positivos o negativos. Aprenderás sus nombres y características, así como sus roles únicos y cómo llamarlos para distintos propósitos y utilizarlos como poderosas herramientas de transformación. Al hacerte consciente de la dinámica y el funcionamiento de los ángeles en el universo y aprender cómo conectarte con estas fuerzas invisibles de energía, adquirirás un increíble conocimiento y la habilidad de enfrentarte a los desafíos más grandes de la vida.

Ser Como Dios
Por Michael Berg

A los 16 años, el erudito Kabbalista Michael Berg comenzó la ardua tarea de traducir por primera vez del arameo original al inglés, El Zóhar, el principal texto de la Kabbalah. El Zóhar, compuesto de 23 volúmenes, es considerado un compendio de prácticamente toda la información concerniente al universo, y sólo hoy su sabiduría comienza a verificarse.

Durante los diez años que trabajó en El Zóhar, Michael Berg descubrió el secreto perdido que la humanidad ha buscado durante más de 5000 años: cómo alcanzar nuestro destino supremo. Ser como Dios revela el método de transformación por el cual las personas pueden librarse de lo que se conoce como "la naturaleza del ego", lo que les permitirá alcanzar alegría total y vida perdurable.

En este libro, el autor pronostica la revolucionaria idea de que, por primera vez en la historia, se pone a disposición de la humanidad una oportunidad extraordinaria: la de Ser como Dios.

Los Secretos del Zóhar: Relatos y meditaciones para despertar el corazón
Por Michael Berg

Los Secretos del Zóhar son los secretos de la Biblia, trasmitidos como tradición oral y luego recopilados como un texto sagrado que permaneció oculto durante miles de años. Estos secretos nunca han sido revelados como en estas páginas, en las cuales se descifran los códigos ocultos tras las mejores historias de los antiguos sabios, y se ofrece una meditación especial para cada uno de ellos. En este libro, se presentan porciones enteras del Zóhar con su traducción al arameo y al inglés en columnas contiguas. Esto te permite escanear y leer el texto en alto para poder extraer toda la energía del Zóhar, y alcanzar la transformación espiritual. ¡Abre este libro y tu corazón a la Luz del Zóhar!

El Zóhar

El Zóhar, la fuente principal de la Kabbalah, fue escrito hace 2000 años por Rav Shimón bar Yojái mientras se escondía de los romanos en una cueva en Pekiín, Israel, por 13 años. Luego fue sacado a la luz por Rav Moshé de León en España y posteriormente revelado a través de los kabbalistas de Safed y el sistema lurianico de la Kabbalah.

Los programas del Centro de Kabbalah han sido instaurados para proporcionar oportunidades para el aprendizaje, la enseñanza, la investigación y la demostración de conocimiento especializado a partir de la sabiduría eterna del Zóhar y los sabios kabbalistas. Oculto de las masas por mucho tiempo, hoy en día el conocimiento del Zóhar y la Kabbalah deben ser compartidos por todos aquellos que buscan entender el significado más profundo de esta herencia espiritual y del significado de la vida. La ciencia moderna apenas está empezando a descubrir lo que nuestros sabios tenían cubierto con simbolismo. Este conocimiento es de naturaleza práctica y puede ser aplicado diariamente para el mejoramiento de nuestra vida y la vida de la humanidad.

La oscuridad no puede existir en presencia de la Luz. Hasta una habitación oscura es afectada por la luz de una vela. Mientras compartimos este momento juntos, comenzamos a presenciar una revolución de iluminación en la gente y, de hecho, algunos de nosotros ya estamos participando en ella. Las nubes oscuras de conflicto y disputa se harán sentir sólo mientras la Luz Eterna permanezca oculta.

El Zóhar es ahora un instrumento para infundir al cosmos con la Fuerza de Luz del Creador revelada. El Zóhar no es un libro sobre religión, el Zóhar hace referencia a la relación entre las fuerzas invisibles del cosmos, la Fuerza de Luz y su influencia en la humanidad.

El Zóhar promete que con la entrada de la Era de Acuario el cosmos será de fácil acceso para el entendimiento humano. El Zóhar dice que en los días del Mesías "no habrá necesidad de decirle a nuestro semejante, 'Enséñame sabiduría'" (Zóhar Nasó, 9:65). "Y no enseñará más ninguno a su prójimo, ni ninguno a su hermano, diciendo: 'Conoce al Eterno'; porque todos Me conocerán, desde el más pequeño de ellos hasta el más grande" (Jeremías 31:34).

Podemos recuperar el dominio de nuestra vida y nuestro entorno. Para lograr este objetivo, el Zóhar nos da una oportunidad para superar el aplastante peso de la negatividad universal.

Estudiar el Zóhar diariamente, sin intentar entenderlo o traducirlo, llenará de Luz nuestra conciencia, mejorando así nuestro bienestar e influirá de actitudes positivas todo lo que nos rodea. Incluso recorrer visualmente el Zóhar, aunque se desconozca el alfabeto hebreo, tendrá los mismos resultados.

La conexión que creamos mediante recorrer visualmente el Zóhar es la de unidad con la Luz del Creador. Las letras, aunque no sepamos hebreo o arameo, son los canales a través de los cuales se realiza la conexión; puede compararse con marcar el número de teléfono o introducir los códigos para iniciar un programa de computadora. La conexión se logra en el nivel metafísico de nuestro ser y se extiende hasta nuestro plano físico de existencia. Pero primero está el prerrequisito del "arreglo" metafísico. Tenemos que permitir conscientemente que, a través de acciones y pensamientos positivos, el inmenso poder del Zóhar irradie amor, armonía y paz a nuestra vida para que compartamos eso con toda la humanidad y el universo.

En los años que vienen, el Zóhar continuará siendo un libro para la humanidad, tocará el corazón y la mente de aquellos que anhelan la paz, la verdad y el alivio del sufrimiento. Ante las crisis y catástrofes, el Zóhar tiene la capacidad de aliviar las aflicciones de agonía humana mediante la restauración de la relación de cada individuo con la Fuerza de Luz del Creador.

Los Centros de Kabbalah

La Kabbalah es el significado más profundo y oculto de la Torá o la Biblia. A través del gran conocimiento y las prácticas místicas de la Kabbalah se pueden alcanzar los más altos niveles espirituales posibles. Aunque mucha gente confía en sus creencias, fe y dogmas para buscar el significado de la vida, los kabbalistas buscan una conexión espiritual con el Creador y las fuerzas del Creador, así lo extraño se vuelve conocido y la fe se convierte en conocimiento.

A lo largo de la historia, aquellos que conocieron y practicaron la Kabbalah fueron muy cuidadosos con respecto a la diseminación del conocimiento porque sabían que las masas no estaban preparadas aún para la gran verdad de la existencia. Hoy en día los kabbalistas saben que no sólo es adecuado sino también necesario hacer que la Kabbalah esté disponible para todo aquel que la busque.

El Centro de Kabbalah es un instituto independiente, sin fines de lucro, fundado en Israel en 1922. El Centro provee investigación, información y ayuda a quienes buscan las enseñanzas de la Kabbalah. El Centro ofrece charlas públicas, clases, seminarios y excursiones a lugares místicos en los centros de Israel y Estados Unidos. Se han abierto centros y grupos de estudio en México, Montreal, Toronto, París, Hong Kong y Taiwán.

Nuestros cursos y materiales tratan sobre los conocimientos zoháricos de cada porción semanal de la Torá. Cada aspecto de la vida es estudiado y otras dimensiones, desconocidas hasta ahora, proveen una conexión más profunda con una realidad superior. Los tres cursos principales para principiantes abarcan temas como: tiempo, espacio y movimiento; reencarnación, matrimonio y divorcio; meditación kabbalística; la limitación de los cinco sentidos; ilusión y realidad; las cuatro fases; hombre y mujer, muerte, dormir y sueños; la alimentación; y Shabat.

Miles de personas se han beneficiado de las actividades del Centro, las publicaciones de material kabbalístico del Centro siguen siendo las más completas de su tipo en el mundo, incluyendo las traducciones al inglés, hebreo, ruso, alemán, portugués, francés, español y persa.

La Kabbalah puede darnos el verdadero significado de nuestro ser y el conocimiento necesario para nuestro máximo beneficio. Además, puede mostrarnos que la espiritualidad va más allá de la fe. El Centro de Kabbalah continuará haciendo que la Kabbalah esté a la disposición de todo aquel que la busque.

Información de Contacto de Centros y Grupos de Estudio

ARGENTINA:

Buenos Aires
Teléfono: +54 11 4771 1432 /
47774106 / 47729224
kcargentina@kabbalah.com
Facebook: KabbalahArg
Twitter: KabbalahArg

Corrientes
Teléfono: +54 3794 603 222

BOLIVIA:

La Paz
Teléfono: 591 2 2771631

CHILE:

Teléfono: 222152737
kcchile@kabbalah.com
Facebook: Centro de Kabbalah de Chile
Twitter: kabbalah_chile

COLOMBIA:

Bogotá
Teléfonos: +57 1 616 8604 /
+57 1 649 6694
kcbogota@kabbalah.com
Facebook: Centro de Kabbalah Bogotá
Twitter: kabbalah_Co

Cali
Teléfono: 572 374 61 71

Medellín
Teléfonos: +57 4 311 9004 /
+57 313 649 2898
kcmedellin@kabbalah.com
Facebook: Centro de Kabbalah Medellín

ESPAÑA:

Madrid
Teléfono: +34 9 1188 3526
kcspain@kabbalah.com
Facebook: Kabbalah Centre Spain
Twitter: KabbalahCentreSpain

MÉXICO:

D.F.
Teléfono: +52 55 5280 0511
kcmexico@kabbalah.com
Facebook: kabbalahmexico
Twitter: kabbalahmx

Guadalajara
Teléfonos: +52 33 3123 0976 /
+52 33 2014 4063
kcguadalajara@kabbalah.com
Facebook: Centro de Kabbalah Guadalajara
Twitter: kabbalahgdl

Merida
kabbalahmerida@gmail.com
Facebook: Grupo de Kabbalah Merida

Monterrey
cursos@kabbalahmonterrey.com
Facebook: Grupo de Estudio Kabbalah Monterrey
Twitter: kabbalahmx

San Luis Potosí
kcsanluispotosi@kabbalah.com

Veracruz
Teléfonos: (55) 3466 7042 /
(229) 265 7345
kabbalah.veracruz@gmail.com
Facebook: Kabbalah Veracruz
Twitter: kabbalahver

PANAMÁ:

Ciudad de Panamá
Teléfono: +507 396 5270
kcpanama@kabbalah.com
Facebook: Centro de Kabbalah de
Panamá
Twitter: Kabbalah_Panama

PARAGUAY:

Asunción
Teléfono: +595 971 666 997 /
+595 981 576 740
kcparaguay@gmail.com
Facebook: Kabbalah Centre Paraguay

PERÚ:

Lima
Teléfono: +51 1 422 2934
peru@kabbalah.com
Facebook: Centro de Kabbalah Perú
Twitter: kabbalahperu

PUERTO RICO:

San Juan
Teléfono: +1 787 717 0281
kcpuertorico@kabbalah.com
Facebook: Kabbalah Puerto Rico
Twitter: kabbalahpr

VENEZUELA:

Caracas
Teléfono: +58 212 267 7432 / 8368
caracastkc@kabbalah.com
Facebook: Centro Kabbalah Venezuela
Twitter: KabbalahVe

Maracay
Teléfono: +58 243-2685005
kc.maracay@kabbalah.com
kabbalahmaracay@yahoo.com

Valencia
Teléfono: +58 241 843 1746
venezuelatkc@kabbalah.com

CENTROS EN EUA:

Boca Ratón, FL +1 561 488 8826
Miami, FL +1 305 692 9223
Los Ángeles, CA +1 310 657 5404
Nueva York, NY +1 212 644 0025

CENTROS INTERNACIONALES:

Londres, Inglaterra +44 207 499 4974
París, Francia +33 6 6845 5141
Toronto, Canadá +1 416 631 9395
Tel Aviv, Israel +972 3 5266 800